Fit for Future

Reihe herausgegeben von
Peter Buchenau
The Right Way GmbH
Waldbrunn, Deutschland

Die Zukunft wird massive Veränderungen im Arbeits- und Privatleben mit sich bringen. Tendenzen gehen sogar dahin, dass die klassische Teilung zwischen Arbeitszeit und Freizeit nicht mehr gelingen wird. Eine neue Zeit – die sogenannte „Lebenszeit" – beginnt. Laut Bundesregierung werden in den nächsten Jahren viele Berufe einen tiefgreifenden Wandel erleben und in ihrer derzeitigen Form nicht mehr existieren. Im Gegenzug wird es neue Berufe geben, von denen wir heute noch nicht wissen, wie diese aussehen oder welche Tätigkeiten diese beinhalten werden. Betriebsökonomen schildern mögliche Szenarien, dass eine stetig steigende Anzahl an Arbeitsplätzen durch Digitalisierung und Robotisierung gefährdet sind. Die Reihe „Fit for future" beschäftigt sich eingehend mit dieser Thematik und bringt zum Ausdruck, wie wichtig es ist, sich diesen neuen Rahmenbedingungen am Markt anzupassen, flexibel zu sein, seine Kompetenzen zu stärken und „Fit for future" zu werden. Der Initiator der Buchreihe Peter Buchenau lädt hierzu namhafte Experten ein, ihren Erfahrungsschatz auf Papier zu bringen und zu schildern, welche Kompetenzen es brauchen wird, um auch künftig erfolgreich am Markt zu agieren. Ein Buch von der Praxis für die Praxis, von Profis für Profis. Leser und Leserinnen erhalten „einen Blick in die Zukunft" und die Möglichkeit, ihre berufliche Entwicklung rechtzeitig mitzugestalten.

Weitere Bände in der Reihe
http://www.springer.com/series/16161

Carsten Lexa

Fit für die digitale Zukunft

Trends der digitalen
Revolution und welche
Kompetenzen Sie dafür
brauchen

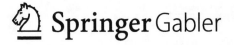

Carsten Lexa
Rechtsanwaltskanzlei Lexa
Würzburg, Bayern, Deutschland

ISSN 2730-6941   ISSN 2730-695X   (electronic)
Fit for Future
ISBN 978-3-658-33072-9   ISBN 978-3-658-33073-6   (eBook)
https://doi.org/10.1007/978-3-658-33073-6

Die Deutsche Nationalbibliothek verzeichnet diese Publikation in der Deutschen Nationalbibliografie; detaillierte bibliografische Daten sind im Internet über http://dnb.d-nb.de abrufbar.

Planung/Lektorat: Carina Reibold
Springer Gabler ist ein Imprint der eingetragenen Gesellschaft Springer Fachmedien Wiesbaden GmbH und ist ein Teil von Springer Nature.
Die Anschrift der Gesellschaft ist: Abraham-Lincoln-Str. 46, 65189 Wiesbaden, Germany

Carsten Lexa, LL.M.

Rechtsanwalt & Europajurist, Master of Law
(International Commercial Law)
Präsident G20 Young Entrepreneurs' Alliance Deutschland
2016/2017
Weltpräsident G20 Young Entrepreneurs'
Alliance International 2017
Gründungsmitglied Startup-Initiative
„Gründen@Würzburg"
Mitglied Expertengremium Internationaler Wirtschaftsrat
Botschafter des „Großer Preis des Mittelstands"
Gewidmet meiner Mutter und meinem Bruder.
Weiter gewidmet allen, die die digitale Zukunft
optimistisch gestalten.
Und der BIO 2019.

Erstes Geleitwort:
Digitalisierung – es wird langsam

Alltäglich werden wir von allen Seiten mit Begriffen wie Digitalisierung, Innovation, Disruption oder Digitale Revolution konfrontiert. Dies hat sich scheinbar in den letzten Jahren derart verschärft, dass die Überzeugung steigt, alle Bereiche unseres Lebens hätten sich verändert. Ja, genau so ist es, die Digitalisierung dringt unaufhaltsam und mit hoher Geschwindigkeit in Gesellschaft, Politik, Technik und Wirtschaft ein.

Die digitale Ökonomie begründet durch digitale Geschäftsmodelle neue Rahmenbedingungen für das wirtschaftliche Handeln. Die Digitalisierung ist – basierend auf dem Internet als Querschnitttechnologie – so tief greifend für alle wirtschaftlichen und gesellschaftlichen Lebensbereiche, dass sich niemand mehr entziehen kann.

Die Vernetzung zwischen IT-fernen Komponenten nimmt mit Smart Devices und Wearables stetig zu. Das Internet of Things (IoT) etabliert durch die Vernetzung von Dingen, Lebewesen, Prozessen und Daten ein eigenes Ökosystem: das Internet of Everything (IoE). Dadurch unterliegen die Strukturen des Internets einem permanenten Entwicklungsprozess, was zu regelrechten Quantensprüngen bei Lösungen und Konzepten führt. Die Vernetzung zwischen Menschen nimmt mittels sozialer Medien, dank einfach und mobil nutzbarer, leistungsstarker Endgeräte, digitaler Netze und einer umfassenden Ressourcen-Infrastruktur, zu.

Die damit einhergehenden, schier unbegrenzten Möglichkeiten digitaler Technologien verändern somit das Verhalten und Bewusstsein von Menschen fundamental. In Zusammenhang mit den Implikationen der Kombinatorik des IoE wird eine Veränderungsdynamik deutlich, die unendlich viel Innovationspotenzial ermöglicht.

Für die Wirtschaft und die Gesellschaft bedeutet dies, dass die erfolgreiche Entwicklung des Wirtschaftssystems davon abhängig ist, wie diese neuen digitalen Technologien innovativ nutzbar gestaltet werden können und wie die neuen Herausforderungen hinsichtlich des Verhältnisses und der Interaktion Mensch/Maschine, der Nachhaltigkeit von Produktion und Konsum, der Globalisierung sowie immer wieder neuer Innovationssprünge zu bewältigen sein werden. Daten entwickeln sich dabei zu einem zentralen wertschöpfenden Produktionsfaktor, auf dessen Basis neue Anwendungen und Geschäftsmodelle entwickelt werden müssen, was zwangsläufig zu Transformation und auch Disruption bestehender Wirtschaftsprozesse führen wird.

Doch neue technologische Möglichkeiten bilden vor allem Chancen für neue Lösungsansätze. Die Digitalisierung wird zu weitreichenden Veränderungen von Verhaltens-, Produktions- und Denkweisen führen, dabei befinden wir uns gegenwärtig zumeist noch in den Kinderschuhen der Entwicklungsprozesse.

Digitale Kompetenzen zu entwickeln und vor allem zu implementieren, ist eine essenzielle Aufgabe um den digitalen Wandel wertschöpfend umzusetzen. Dazu werden *Revolutionäre* und vor allem *Mut* dringend benötigt, um alle Beteiligten *„fit für die digitale Zukunft"* zu machen.

Mut jedoch setzt Wissen voraus. Niemand weiß, was die Digitalisierung bringen wird. Dieses Buch jedoch bringt eine erste Einordnung. Es hilft bei den ersten Schritten, indem es einerseits die Trends der digitalen Revolution aufzeigt, andererseits die Fertigkeiten beschreibt, auf die in der Zukunft gesetzt werden sollten, um die sich aus den Trends ergebenden Chancen zu nutzen. Mut zur Lektüre haben Sie schon bewiesen. Gehen Sie nun die nächsten Schritte.

Prof. Dr. Mike Friedrichsen
Gründungspräsident der University
of Digital Science, Berlin
Professor für Wirtschaftsinformatik und digitale
Medien an der HdM Stuttgart

Zweites Geleitwort: Wir werden immer mehr... oder: der Aufbruch der DigitalExplorer

Sind sie bereit für eine Reise? Für einen Trip in ihre eigene Zukunft? Die Welt um uns herum verändert sich in dramatischem Ausmaß und erzeugt eine unvorstellbare Menge an Chancen und Möglichkeiten. Es liegt an Ihnen sie zu nutzen.

Für mich bedeutet Digitalisierung die Beschleunigung von Prozessen mit Hilfe von Technologie. Diese Technologie verändert unser Umfeld und erschafft so ein #Neuland, welches von uns allen gestaltet werden will. Dies vor Augen wird klar, wie tief wir uns bereits im Prozess des digitalen Wandels befinden. Von Steve Jobs ist überliefert, dass seine Mission darin bestünde, durch seine Erfindungen jeden Einzelnen dazu zu befähigen unternehmerisch tätig zu werden. Und Bill Gates wird der Anspruch nachgesagt, jeden Schreibtisch der Welt mit einem PC zu bestücken. Wozu der wohl benutzt werden sollte.

Klarer kann der Anspruch, die Welt zu verändern, nicht formuliert werden. Diese Entwicklung gibt Ihnen Macht, ob Sie diese wollen oder nicht und sie fragt auch nicht, ob wir dem gewachsen sind. Umso wichtiger ist es in diese digitale Welt hineinzuwachsen. Carsten Lexa liefert mit dem vorliegenden Buch einen anschaulichen Überblick über die technologischen Trends, die das Wachstum der nächsten Jahre treiben werden und liefert anschauliche Tipps, wie sie diese Technologien praktisch nutzen können. Dabei kommt es darauf an eine kluge Verbindung zwischen Beruf und Privatleben zu schaffen. Hier liefert der technologische Unterbau der Digitalisierung die Möglichkeiten Home-Office-Modelle zu etablieren oder via Mobile-Office-Lösungen von jedem Ort mit stabiler Netzanbindung arbeiten zu können.

Diese Entwicklung begünstigt das Entstehen neuer Kristallisationspunkte zum gemeinsamen Arbeiten, Denken und dem Teilen von Erfahrungen. Überall auf der Welt entstehen Co-Working-Spaces in denen die kreativen Wanderarbeiter und DigitalExplorer temporär Arbeitsplätze und Infrastruktur mieten können. Die daraus entstehende Vielfalt aus Erfahrungen, Kulturen, Denkmodellen, Ausbildungswegen, Alter und Geschlecht befruchtet diese Community Neues zu schaffen. Dabei lösen Zeit und Lebensqualität die traditionellen Luxusgüter als Statussymbole sichtbar ab. Dienstleistungen, die uns Zeit sparen gewinnen an Wert.

Die DigitalExplorer sind die Gestalter dieser Welt, sie sind Abenteurer und Reiseführer. Als ich vor einigen Jahren den Begriff des DigitalExplorers aus der Taufe hob, habe ich nicht erwartet, wie viel Spaß es machen würde, wenn sich die Menschheit auf die nächste große Entdeckungstour macht. Carsten Lexa ist einer von uns und bietet ihnen mit den vorliegenden Buch einen Reiseführer, der sie auf ihrer Reise begleitet.

Herrlich willkommen in unserer Gemeinschaft von DigitalExplorern und viel Spaß, Inspiration und Abenteuerlust auf ihrem eigene Hike im #Neuland.

Thomas Oehring
DigitalExplorer®
Vorstand Fscon AG
Mitglied des Beirats der University of
Digital Science, Berlin
Autor („Unterwegs nach #Neuland" &
„Abenteuer im #Neuland")
Bundesvorsitzender Wirtschaftsjunioren
Deutschland 2012

Geleitwort des Herausgebers

Jeder redet davon, dass die „Digitalisierung schon längst bei uns angekommen ist" und dass sie „alle Lebensbereiche umkrempeln wird". Das ist schön und gut. Doch sind wir darauf vorbereitet? Und damit meine ich nicht eine Vorbereitung im Hinblick auf technisches Verständnis, Programmierkenntnisse oder Robotik. Die Frage, die ich stelle, bezieht sich auf unsere Vorbereitung als Menschen. Und abgesehen davon: auf was genau müssen wir uns überhaupt vorbereiten?

Bei meinen Vorträgen, Seminaren und Coachings stelle ich immer wieder fest, dass es zwar gut für Zeitungen oder Magazine ist, wenn die digitale Zukunft in den schönsten Farben gemalt wird. Redet man aber mit den Menschen, die unmittelbar betroffen sind oder die sich mit der Digitalisierung in all ihren Facetten auseinander setzen müssen, dann stelle ich fest, dass viele Unsicherheiten bestehen. Diese Unsicherheiten haben ihren Ursprung in fehlenden Informationen und diese bezieht sich wiederum auf den Überblick und den Kontext.

Ich bin sehr froh, dass sich Carsten Lexa mit diesem Buch der Aufgabe angenommen hat, einen Kontext zu bieten. Ich kenne niemanden, der dazu geneigneter wäre. Carsten Lexa ist zwar Rechtsanwalt, welche nicht unbedingt als progressive Menschengruppe bekannt sind. Er jedoch ist anders, völlig anders. Wenn ich mir anschaue, mit welcher Neugier und Faszination er an neue Dinge herangeht, diese benutzt und über deren Nutzung nachdenkt, dann wird klar, dass Carsten Lexa weit mehr ist als „nur" ein Rechtsanwalt – er ist ein Innovator und „digitaler Revolutionär".

In diesem Buch finden sich seine Gedanken zu den Trends, die kommen werden, und zu den Menschen, die mit diesen umgehen müssen. Ich freue mich, an diesen Gedanken teilhaben zu können.

Peter Buchenau
Lehrbeauftragter, Redner, Autor
Herausgeber der Ratgeber-Reihe „Chefsache"
(Springer Gabler-Verlag)
Herausgeber der Ratgeber-Reihe „Fit for Future"
(Springer Gabler-Verlag)

Vorwort des Autors

„Es ist der Wert der Überzeugung, der den Erfolg ausmacht. Nicht die Anzahl der Anhänger."
  Albus Dumbledore[1]

Welche Auswirkungen wird die Digitalisierung auf
Menschen und ihr Zusammenleben untereinander haben?
Und welche Fähigkeiten werden es sein, die Menschen
dazu befähigt, die Folgen des digitalen Wandels für sich
erfolgreich zu nutzen? Diese Fragen werden derzeit überall gestellt und diskutiert – in den Medien, in öffentlichen
und politischen Diskussionen und in privaten Gesprächen.
Meine Wahrnehmung bei diesen Diskussionen ist jedoch,
dass diesen immer etwas zugrunde liegt, das die Grund-
stimmung der Diskussion prägt, nämlich der ängstliche
Blick auf die möglichen negativen Veränderungen, die die

---

[1]Albus Dumbledore ist der Leiter des Internats Hogwarths in den Harry
Potter-Büchern. Das Zitat erdacht hat sich natürlich die Autorin der Bücher,
Joanne K. Rowling.

Digitalisierung, unabhängig von der jeweiligen konkreten Ausprägung, mit sich bringen könnte.

Digitalisierung ist weder positiv noch negativ

Spannend wird es meiner Ansicht nach jedoch dann, wenn man den Blickwinkel ändert, wenn man beim Blick auf die Digitalisierung und deren Folgen mit der Überlegung startet, dass Digitalisierung erst einmal weder neu noch negativ ist, sondern einfach nur eine Veränderung durch Fortentwicklung. Denn dann ist das Ergebnis dieser Entwicklung offen – und bietet so die Chance, völlig neue Wege zu gehen.

Erste Schritte im digitalen Zeitalter

Ich erinnere mich noch gut daran, als ich vor über 10 Jahren meine eigene Anwaltskanzlei in Würzburg eröffnete. Anders sollte diese sein, mobil und innovativ, mit klarer Unterscheidung zu den traditionellen Anwaltskanzleien, die es am Markt schon gab. Während meines Studiums „durfte" ich solche „traditionellen" Kanzleien kennengelernt – und das in diesen Kanzleien regelmäßig von mir erlebte Mindset hatte mir nicht gefallen. Mehr noch: Ich begann mir Sorgen zu machen! Denn meiner Ansicht nach würden kommende technologische Entwicklungen viele traditionelle Bereiche anwaltlicher Tätigkeit wie beispielsweise die Beratung bei Standardfällen wie Verkehrsunfallabwicklungen, Unternehmensgründungen oder Vertragsgestaltungen obsolet werden lassen. Das würde natürlich nicht innerhalb von einem oder zwei Jahren passieren – aber auch nicht noch 20 oder 30 Jahre auf sich warten lassen und die Zeichen waren schon am Horizont zu erkennen.

Darüber hinaus hatte ich das Gefühl, dass die traditionelle Ansprache von Mandanten nicht länger funktionieren würde. Insbesondere jüngere Rechtssuchende erwarteten schnelle Reaktionszeiten und eine Präsenz, die über ein Kanzleischild und einen Eintrag in den gelben Seiten hinaus ging. Ergänzend waren immer mehr Mandanten extrem mobil, sei es in der Informationssuche und -beschaffung, sei es in der Art, wie sie ihre Geschäftsmodelle aufstellten oder wie sie allgemein lebten. Mir wurde klar, dass viele meiner Kollegen Probleme bekommen könnten, wenn sie sich nicht auf die veränderten Gegebenheiten bei den potenziellen Mandanten einstellen. Damit meine ich nicht zwangsläufig, dass ihre Kanzleien „den Bach runter gehen würden". Ich meine vielmehr, dass sie es schwer haben würden, die Umsatzzahlen ihrer Kanzlei zu halten bzw. zu steigern, weil die traditionellen Bereiche der Rechtsberatung sich so verändern könnten, dass die alten Geschäftsmodelle von Kanzleien nicht mehr funktionieren.

Was folgt aus einer Erkenntnis?

Nun ist es natürlich schön, wenn einen so eine Erkenntnis „ereilt". Aber nun kommt der nächste Schritt, der meiner Ansicht nach viel schwerer ist: Was macht man nun mit dieser Erkenntnis, was wird nun wie umgesetzt? Für mich waren dabei immer zwei Eigenschaften wichtig – und ich denke, ich verfüge über diese beiden Eigenschaften: Neugier und Flexibilität.

Neugier besiegt die Angst vor Veränderungen

Schon immer haben mich neue Dinge, neue Techniken, neue Aktivitäten gereizt.

So findet man mich beispielsweise seit über 13 Jahren auf Facebook – gerade mal 3 Jahre nach der Gründung des Unternehmens hatte ich mich schon mit dieser Plattform beschäftigt und mir überlegt, was man damit alles anstellen könnte (zum Vergleich: im März 2008, also Monate nachdem ich dort schon einen Account hatte, wurde Facebook erst in deutscher Sprachversion freigeschalten). Und Videos finde ich schon seit Jahren spannend, betreibe nicht nur selbst mehrere YouTube-Kanäle, sondern beschäftige mich auch sehr intensiv damit, wie ich Videos auf welchen Plattformen für mich und mein Kanzlei nutzen kann. So erfuhr ich zum Beispiel vor einigen Jahren von der Absicht Facebooks, Videos zu promoten, um so die Dominanz von YouTube zu brechen oder zumindest zu verringern. Diese Erkenntnis und die konsequente Nutzung von selbst produzierten Videos wiederum half mir, in Abstimmung mit dem damaligen Bundesvorsitzenden der Wirtschaftsjunioren Deutschland die deutsche Präsidentschaft der G20 Young Entrepreneurs' Alliance zu erlangen.

Und auch was unternehmerische Aktivitäten angeht, so habe ich mich ausprobiert. Schon während des Studiums habe ich ein Unternehmen gegründet, um Webseiten zu programmieren und zu gestalten. Und nach meiner Rückkehr als London hatte ich eine Geschäftsidee, die mich letztendlich zu über 200 Auftritten auf Showbühnen in ganz Deutschland führte.

Ich könnte so weitermachen: Verschiedene Webseiten nutze ich für unterschiedlichste Zwecke, Social Media-Kanäle wie Twitter für Nachrichtentendenzen oder LinkedIn für Business-Kontakte und seit neuestem beschäftige ich mich mit der Plattform Tik Tok. Ist dort meine Zielgruppe bzw. kann ich diese Plattform für meine Anwaltstätigkeit oder im Rahmen einer sonstigen Tätigkeit nutzen? Das weiß ich noch nicht. Aber ich bin mir sicher, dass ich herausfinden werden, welchen Nutzen diese Plattform mir bieten kann.

Flexibilität sorgt für Chancen

Doch es geht nicht nur um Neugier allein, sondern auch um Flexibilität. Dameine ich die Fähigkeit, sich auf geänderte Anforderungen oder Bedingungen einer Situation schnell einstellen zu können.

So ist meine Rechtsanwaltskanzlei ausschließlich rechtsberatend tätig, und zwar im Gesellschafts- und Vertragsrecht. Derzeit helfen wir vielen Gründern, mit einem Unternehmen zu starten. Und für unzählige Unternehmen gestalten und prüfen wir Verträge in deutscher und englischer Sprache. Doch was passiert, wenn in naher Zukunft die Online-Gründung von Unternehmen möglich wird? Und dann noch Software Unternehmen hilft, für sie passende Verträge zu gestalten bzw. Risiken in Verträgen zu erkennen? Habe ich dann noch etwas zu tun? Suche ich mir dann einen neuen Job? Alle Leserinnen und Leser, die sich nun gleich Sorgen um mich machen, sei gesagt: Alles ist gut, ich werde voraussichtlich nicht arbeitslos. Jedoch wird sich mein Tätigkeitsfeld mit hoher Wahrscheinlichkeit ändern.

Unklar sind die Folgen aus Veränderungen

Einziges Problem: Wohin es sich ändern wird, weiß ich jetzt noch nicht. Was ich jedoch weiß ist: DASS die Veränderung kommt, ist sicher. Was also tun? Ganz einfach: nicht stehenbleiben, sondern weitergehen, neugierig bleiben und flexibel, die Augen offenhaltend und nicht vor Angst den Blick nicht mehr vom Boden hebend. Genauso, wie die Digitalisierung die Rechtsberatungsbranche verändern wird, wird sie mir neue Chancen und Möglichkeiten eröffnen. Ich weiß derzeit nicht, wie sich die Rechtsberatung in 10 oder 15 Jahren verändert haben wird. Eines weiß ich jedoch sicher: Ich werde mich darauf einstellen, weil ich mir schon jetzt die Möglichkeiten, die sich vage erkennen lassen, ansehe. Vieles davon wird dann zwar letztendlich doch nicht relevant für mich sein. Doch einiges wird für mich passen. Und damit werde ich wunderbar zurecht kommen.

Und genauso, wie es mir geht, genauso erleben die meisten Menschen derzeit die Veränderungen, die sich durch die Digitalisierung ergeben. Oftmals erlebe ich dann eine gewisse Verzagtheit oder eine Trotzreaktion – „Erst mal abwarten." oder „Mich wird das alles nicht betreffen.". Meiner Ansicht nach ist das der falsche Ansatz. Die Digitalisierung ist da und wird ALLES verändern. Die Frage ist, wie man mit diesem Unvermeidlichen umgeht. Ich bin der Ansicht, dass es Zeit wird für Optimismus. Denn durch die Digitalisierung werden sich nicht nur negative Folgen, sondern auch viele positive. Letztendlich wird die Einstellung darüber entscheiden, ob jemand die Digitalisierung für sich nutzen kann oder ob er oder sie in den „Früher war alles besser"-Mindset hängen bleiben wird.

Zweifel sind leider allgegenwärtig

Ein solches Mindset erfordert Mut, eine gewisse Sturheit und ein gesundes Maß an Vertrauen in die eigenen Fähigkeiten sowie in die Möglichkeit eines positiven Ergebnisses. Sind wir an dieser Stelle ehrlich: die Zweifler werden schnell zur Stelle sein.

Bei mir war es auch so: Als ich während des Jurastudiums das Unternehmen gründete, mit dem ich Webseiten für Kunden gestaltete und dann später meine Kanzlei schon im Rahmen der Gründung konsequent auf mobiles Arbeiten ausrichtete, erlebte ich immer wieder Staunen, Irritation und die Frage, ob man „dies denn wirklich so machen müßte". Ich musste natürlich nichts, aber es war einfach spannend zu sehen, was ich mit neuen Tools, neuen Plattformen, neuen Technologien – neuem

Denken machen konnte. Und es hat schon Spaß gemacht zu wissen, dass man so einer Vielzahl von Bekannten, aber auch Berufskollegen, meilenweit voraus war.

Eines ist klar: vieles, was in der Zukunft auf uns zukommen wird, ist neu. Deswegen jedoch vor Angst erstarren ist in meinen Augen nicht angebracht. Denn es geht ja nicht darum, blauäugig voranzugehen, sondern sich vielmehr bewusst zu werden, dass die Angst vor dem Ungewissen größer ist als das, was ihm am Ende tatsächlich Schlimmes passieren kann. Genau aus diesem Grund besteht für mich ein guter Grund für Optimismus für die Zukunft.

Und natürlich muss ich zugeben: sei es die Einrichtung eines YouTube-Kanals, die Mitwirkung bei der Etablierung der regionalen Gründerplattform Gründen@Würzburg oder die Idee einer mobilen Anwaltskanzlei mit der Nutzung neuer Marketing- und Kommunikationstools – anfangs erlebe ich regelmäßig eine große Anzahl an Zweiflern und Bedenkenträgern. Jedoch sehen diese dann letztendlich, dass meine ursprünglich geäußerten Pläne wirklich von mir umgesetzt wurden. Und das mache ich, weil ich überzeugt bin, dass Ausprobieren letztendlich besser ist als hinterher zu bedauern, etwas nicht getan zu haben.

Corona als Beschleuniger der Digitalisierung

Und – auch wenn das jetzt vielleicht etwas seltsam klingt: Die gerade wieder zurückgehende Corona-Krise wird im Bereich der Digitalisierung ganz neue Möglichkeiten eröffnen. Warum ich diese Meinung habe? Weil in Deutschland bislang es einfach nicht unbedingt notwendig war, die Möglichkeiten der Digitalisierung zu nutzen:

* Home Office und mobiles Arbeiten? Ja, diese Begriffe hatte man schon mal gehört, aber wichtig war doch die Kontrolle der Mitarbeiter, was diese arbeiten und dass diese auch genug arbeiten. Und das geht halt am besten, wenn die Mitarbeiter in den Betrieb kommen und dort einen Arbeitsplatz haben.

* Digitales Lernen? Warum sollten sich Lehrer mit neuer Technik und neuen Tools befassen, wenn doch die Schülerinnen und Schüler so oder so jeden Tag in die Schule kommen.

* Und digitale Verwaltung? Brauchen wir nicht, die Bürger sollen halt die Ämter besuchen.

Doch dann kam das Virus – und alles änderte sich. Plötzlich konnten Bürger nicht mehr die Ämter besuchen, mussten von zu Hause arbeiten und ihre Kinder konnten nicht mehr in die Schule gehen, mussten aber dennoch „im Stoff bleiben".

Jetzt wurden die Probleme schonungslos aufgedeckt. Probleme wohlgemerkt, für die es schon seit Jahren Lösungen gibt. Sie wurden nur nicht oder nicht ausreichend in Deutschland genutzt. Es war eben nicht notwendig. Doch das hat sich geändert – und ich wage mal einen Blick in die Kristallkugel und sage, dass in der nahen Zukunft Dinge möglich werden, die vor wenigen Jahr noch als Hirngespinst abgetan wurden.

Dieses Buch als Mutmacher und Werkzeugkasten

Dieses Buch nun soll nicht nur helfen, die Herausforderungen und Chancen der Digitalisierung zu verstehen, indem ein Überblick über die Trends gegeben wird, in denen sich die digitale Revolution entfalten wird. Es sollen darüber hinaus die Fähigkeiten aufzeigen werden, die benötigt werden, um die die Chancen der

Digitalisierung zu nutzen. Dieses Buch ist deshalb ein Buch der Möglichkeiten. Wer Warnungen vor den Folgen der Digitalisierung sucht, der wird mit diesem Buch nicht glücklich werden. Ich denke es ist schon angeklungen, dass ich viel mehr Chancen als Gefahren durch die Digitalisierung sehe und dass ich deshalb den Fokus auf die Chancen legen werde. Denn es macht in meinen Augen keinen Sinn, in der Vergangenheit zu verharren, wenn doch die Zukunft – meiner Ansicht nach zumindest – so viele Möglichkeiten bietet.

Damit Sie als Leserin und Leser wissen, welche Aspekte im Hinblick auf Digitalisierung ich spannend finde und warum ich der Ansicht bin, dass man sich mit diesen Aspekten beschäftigen sollte, geht es im ersten Teil um die Bereiche der Digitalisierung, die meiner Ansicht nach zukünftig eine Rolle im Leben aller Menschen spielen werden. Dabei blicke ich auf diese Bereiche nicht nur mit der Brille eines Deutschen, sondern – da ich sowohl beruflich als auch privat oft ins Ausland reise und als ehemaliger Weltpräsident der G20 Young Entrepreneurs' Alliance[2] Einblicke in die Entwicklungen der Volkswirtschaften in den G20-Staaten bekam – auch mit einer internationalen Brille.

Im zweiten Teil dieses Buches geht es dann konkret um die Fähigkeiten, die meiner Ansicht wichtig werden, um die digitale Zukunft, die auf uns zukommt, gestalten zu können. Ihnen als Leserin und Leser kann ich dabei schon

---

[2]Die G20 Young Entrepreneurs´ Alliance ist eine Organisation von jungen Unternehmerinnen und Unternehmern und ihren Organisationen in den G20-Staaten. Sie ist Teil des G20/B20-Konsultationsprozesses und erarbeitet jedes Jahr Empfehlungen für die Verbesserung der Bedingungen der internationalen Wirtschaft. Dabei greift sie über ihre Mitgliedsorganisationen auf rund 500.000 Entrepreneure zurück. Mehr Informationen unter: http://www.g20yea.com & https://www.wjd.de/ueber-uns/partner/g20-young-entrepreneurs-alliance.

verraten, dass es dabei nicht primär um Programmier- oder Mathematikkenntnisse gehen wird (diese können zwar hilfreich sein, aber sie allein werden in meinen Augen nicht ausreichen, um die digitale Zukunft zu meistern).

Ein wichtiger Hinweis noch an dieser Stelle: Gemäß dem Ansatz der Reihe „Fit for Future", zu dem dieses Buch gehört, will ich primär Unternehmerinnen und Unternehmer bzw. Führungskräfte ansprechen. Aus diesem Grund wird der Inhalt meiner Ausführungen im unternehmerischen Kontext beheimatet sein und, um den Umfang des Buches nicht zu sprengen, nicht immer alle Facetten eines Themas in der Tiefe behandeln können. Jedoch bemühe ich mich, meine Ausführungen allgemeingültig zu formulieren, die Themen ausreichend zu umreißen und zu zeigen, worum es letztendlich geht.

Und noch ein abschließender Hinweis: Das Lesen dieses Buches erfolgt auf eigene Gefahr und wird positive Erlebnisse nach sich ziehen. Niemand kann nun sagen, er bzw. sie wurde nicht gewarnt....

Ihr

Inhaltsverzeichnis

Teil I

Der Begriff der Digitalisierung

„Wenn man Digitalisierung richtig betreibt, wird aus einer Raupe ein Schmetterling. Wenn man es nicht richtig macht, hat man bestenfalls eine schnellere Raupe."
George Westerman[1]

---

[1] Originalzitat: „When digital transformation is done right, it's like a caterpillar turning into a butterfly, but when done wrong, all you have is a really fast caterpillar." Quelle: https://executive.mit.edu/blog/the-digital-business-transformation-imperative#.XFIWfc1lA2w. Letzter Zugriff am 3. Januar 2021.

1

Einleitung

Seit Jahren werden Diskussionen rund um das Thema Digitalisierung betrieben. Sie selbst haben diese sicherlich auch schon erlebt, vielleicht haben Sie sich an solchen Diskussionen auch schon beteiligt.

Mich dagegen verwirren diese Diskussionen oftmals. Das liegt jedoch nicht daran, dass ich nicht mitreden kann, sondern vielmehr daran, dass ich nicht weiß, was für einen Beitrag ich zur Diskussion beisteuern soll. Denn mich beschleicht oftmals das Gefühl, dass die Beteiligten auf unterschiedlichen Ebenen über Digitalisierung reden und deshalb die Meinungen so weit auseinandergehen.

Damit Sie und ich im Rahmen dieses Buch das gleiche Verständnis vom Begriff Digitalisierung haben, lassen Sie uns zuerst klären, welche unterschiedlichen Bedeutungen diesem Begriff beigemessen werden können. Im Anschluss daran werden wir festlegen, wie der Begriff Digitalisierung im Rahmen dieses Buches verstanden werden soll.

© Springer Fachmedien Wiesbaden GmbH, ein Teil von Springer Nature 2021
C. Lexa, *Fit für die digitale Zukunft*, Fit for Future,
https://doi.org/10.1007/978-3-658-33073-6_1

2

Bedeutung des Begriffs Digitalisierung

Wenn von oder über Digitalisierung geredet wird, dann wird dieser Begriff nicht einheitlich verwendet. Ursprünglich ging es bei diesem Begriff um die Umwandlung von analogen Gütern oder Werten in digitale Formate, die dann in digitalen Systemen gespeichert oder verarbeitet wurden. Dabei wurden Informationen, die in analoger Form vorlagen, zuerst anhand eines bestimmten Verfahrens in ein digitales Format umgewandelt. Im nächsten Schritt fiel diese Umwandlung weg und es wurde direkt das digitale Format erzeugt.

Beispiel 1

Fotografien, die ursprünglich auf speziellem Papier gedruckt wurden, wurden später mit einem Scanner in eine digitale Bilddatei übertragen. Schließlich wurden Fotografien sogar direkt als digitale Bilddatei erzeugt; der Weg über den Druck des Bildes auf Papier fiel weg. Dadurch ergaben sich viele Vorteile: so wurde die Bearbeitung, aber auch die Aufbewahrung (Speicherung) und die Verbreitung einfacher und schneller möglich.

© Springer Fachmedien Wiesbaden GmbH, ein Teil von Springer Nature 2021
C. Lexa, *Fit für die digitale Zukunft*, Fit for Future,
https://doi.org/10.1007/978-3-658-33073-6_2

Beispiel 2

Wurden Termine früher händisch in Kalender eingetragen, so wird inzwischen Software verwendet, die Kalender abbilden und in denen man nicht nur die einzelnen Termine eintragen, sondern auch Informationen zu den Terminen beifügen kann.

Im Rahmen dieser Prozesse wurden digitale Daten erzeugt, die anhand bestimmter Verfahren genutzt und bearbeitet werden konnten.

Im Laufe der Zeit wurden dem Begriff Digitalisierung weitere Bedeutungen zugeschrieben. So wurden Geschäftsmodelle und damit Unternehmen durch die Verwendung digitaler Prozesse verändert. Abläufe in Unternehmen wurden anhand von digitalen Effekten, seien dies Prozesse, sei es der Einsatz von Software, optimiert. Auch dies wurde dann unter den Begriff Digitalisierung gefasst. Und schließlich entstanden völlig neue Unternehmen, Institutionen oder Gegebenheiten, die überhaupt erst aufgrund der digitalen neuen Möglichkeiten zustande kamen.[1] Doch auch dies wurde als Digitalisierung bezeichnet.

Die Frage stellt sich deshalb, wie diese unterschiedlichen Gegebenheiten voneinander abgegrenzt werden können.

---

[1]Diese werden oftmals mit dem Wort „Megatrends" bezeichnet.

3

Bedeutung des Begriffs Automatisierung

Der Begriff Automatisierung im Kontext mit Digitalisierung meint die Übertragung von Prozessfunktionen und ganzen Prozessabläufen vom Menschen auf technische Systeme. Dass dafür die erforderlichen Dokumente oder allgemein die Daten zur Verfügung stehen, ist dabei regelmäßig nicht ausreichend, sondern wird vielmehr vorausgesetzt. Bei der Automatisierung geht es dann darum, dass durch entsprechende Technologien Daten ausgelesen, übernommen und verarbeitet werden. Wurde beispielsweise ein Prozess bisher händisch von Menschen bearbeitet, unabhängig, ob das beispielsweise durch Aufschreiben auf Papier oder mittels digitaler Erfassung im Rahmen eines Computerprogramms erfolgte, wird nun ohne weiteres menschliches Zutun eine Bearbeitung durch einen Computer durchgeführt.

© Springer Fachmedien Wiesbaden GmbH, ein Teil von Springer Nature 2021
C. Lexa, *Fit für die digitale Zukunft*, Fit for Future, https://doi.org/10.1007/978-3-658-33073-6_3

> **Beispiel**
>
> Ein Beispiel dafür ist die Erstellung eines Projekt-reportings. Mitarbeiter im Rahmen eines Projektes geben die sie betreffenden Informationen, wie beispielsweise Zeiten, erledigte Aufgaben, Hindernisse etc. in ein Projektmanagementtool ein. Die Reportberichte, die den Stand des Projektes wiedergeben und in denen dann alle eingegebenen Informationen enthalten sind, werden durch das Tool automatisch generiert und ermöglicht so allen Mitarbeitern einen optimalen Überblick den über Verlauf und den Stand des Projekts. Die Mitarbeiter müssen sich mit der zeitaufwendigen Erstellung der Reporte nicht mehr auseinandersetzen.

Anhand dieses Beispiels wird klar, warum der Begriff der Automatisierung im Kontext von Digitalisierung auftaucht. Digitale Tools ermöglichen die Verarbeitung von Daten zur Verbesserung und Vereinfachung von Prozessen. Dies kann sich beispielsweise auf die Abläufe in Produktionen auswirken, auf die Angebotsvielfalt oder auf die Geschwindigkeit, mit der Prozesse durchgeführt werden.

In diesem Buch jedoch wird der Begriff der Digitalisierung weiter verstanden als nur im Rahmen von Automatisierung. Denn Automatisierung ist nur der Anfang im Rahmen einer Transformation.

Während die Bedeutung des Begriffs der Automatisierung schon zeigt, dass der Einsatz digitaler Tools Veränderungen herbeiführt und so Auswirkungen hat, zeigt er doch auch, dass alleine Automatisierung dem Grad der Veränderungen nicht gerecht werden kann, um den Begriff der Digitalisierung zu umfassen. Denn letztendlich bedeutet Automatisierung Optimierung. Und das wurde natürlich in der Vergangenheit schon immer gemacht, ohne dass dabei digitale Tools zur Anwendung kamen.

Denken Sie nur an die Einführung von mechanischen Webstühlen durch Edmond Cartwright. Wurden früher Textilien, aber auch Teppiche von Menschenhand gewebt, konnte durch die Einführung mechanischer Webstühle der Mensch im Rahmen des Produktionsprozesses außen vor bleiben. Er wurde nicht mehr benötigt, die Maschine stellte die Textilien ohne menschliche Einwirkung her. Ein digitales Tool kam dabei aber nicht zum Einsatz.

Kommen nun digitale Tools ins Spiel, dann intensivieren sich die dadurch ausgelösten Veränderungen.

4

Digitale Transformation

Als digitale Transformation wird deshalb ein fortlaufender, auf digitalen Technologien begründeter Veränderungsprozess bezeichnet. Er betrifft insbesondere Unternehmen, kann sich aber auch auf beispielsweise Gesellschaften beziehen. Bezieht sich der Begriff auf Unternehmen, so wird als digitale Transformation der durch digitale Technologien oder auf digitalen Technologien beruhenden Kundenerwartungen ausgelöste Veränderungsprozess innerhalb eines Unternehmens bezeichnet.

Digitale Transformation wird ermöglicht durch digitale Technologien sowie deren Möglichkeiten und Potenziale in der Verwertung und Anwendung. Sie setzt somit Technologien voraus und in Zusammenhang mit diesen bestimmte Kompetenzen, um digitale Technologien zu verwenden. Beispielhaft seien hier genannt Software Engineering, Data Analytics oder Cloud Computing.

Darüber hinaus erfordert die digitale Transformation eine digitale Infrastruktur. Dazu gehören nicht nur eine

© Springer Fachmedien Wiesbaden GmbH, ein Teil von Springer Nature 2021
C. Lexa, *Fit für die digitale Zukunft*, Fit for Future,
https://doi.org/10.1007/978-3-658-33073-6_4

Vielzahl von Zugangs- und Endgeräten wie Smartphones, Desktop-Computer und eine immer größer werdende Zahl von in Geräten wie Maschinen oder Gebäuden eingebetteten Systemen, sondern auch die dazugehörigen Protokolle, die die Grundlage für digitale Anwendungen schaffen, indem sie die Möglichkeit bieten, Daten zwischen den digitalen Anwendungen austauschen zu können.

Digitale Anwendungen schließlich sind Programme, die bestimmte Funktionen und Dienste, wie beispielsweise Zahlungsabwicklungen oder Bestellvorgänge, realisieren und anbieten.

Zusammenfassend kann man sagen, dass digitale Transformation ein fortlaufender Veränderungsprozess ist. Aufgrund digitaler Technologien ergeben sich Veränderungen, die auf einem bisherigen Zustand basieren und diesen weiterentwickeln. Die Veränderungen können im Kleinen erfolgen, können aber auch gewaltige Auswirkungen haben. Allgemeine Beispiele der digitalen Transformation umfassen Social Media, Big Data, Cloud Services, Smart Devices, Internet of Things oder Blockchain.

Beispiel 1

Ein konkretes Beispiel für digitale Transformation in einem Unternehmen findet man bei L'Oreal. L'Oreal stand vor der Herausforderung, dass viele Kunden die Wirkung von Make-up auf ihrer Haut erst dann erkennen bzw. erleben konnten, als sie das Make-up aufgetragen hatten. Dann hatten sie das Produkt aber schon gekauft und, wenn der Effekt nach dem Auftragen nicht so war wie erhofft, konnte das Produkt nicht mehr zurückgegeben werden. Mithilfe von Augmented-Reality-Software war L'Oreal in der Lage, das gewünschte Make-up über das Gesicht des Kunden in einer App zu legen, sodass der Kunde so sein Gesicht mit dem Make-up sehen konnte.

Beispiel 2

Ikea wollte seinen Kunden ermöglichen, Möbel, an denen diese interessiert waren, in deren eigenen Räumen zu zeigen, sodass sie sehen konnten, wie diese Möbel bei ihnen zu Hause wirken. Die dazu von Ikea entwickelte App „Ikea Places" ermöglicht es, IKEA-Produkte in virtuellen Abbildungen in den eigenen Räumlichkeiten der Kunden zu platzieren und so deren Wirkung zu erleben.

5

Digitale Revolution

Wie Sie oben gesehen haben, kommt es im Rahmen von digitaler Transformation zu einem Veränderungsprozess, der fortlaufend ist. Wenn diese Veränderungen jedoch so stark und einschneidend sind, dass sich die Folgen disruptiv auswirken, dann ist man dort angekommen, worauf sich in diesem Buch konzentriert wird, nämlich bei Digitalisierung in Form der digitalen Revolution.

Mit der sog. digitalen Revolution ist der durch Computer und Digitaltechnik ausgelöste Umbruch gemeint, der seit der Jahrtausendwende zu einem Wandel in nahezu allen Lebensbereichen geführt hat – und das nicht nur in Deutschland, sondern durchweg in allen entwickelten Ländern der sog. Industriestaaten und – wenn auch nicht immer umfassend, sondern manchmal nur in Teilbereichen – auch in den übrigen Ländern.

Dass es sich um einen Umbruch handelt, erkennt man daran, dass sich zum einen die Veränderungen mit großer Geschwindigkeit, teilweise explosionsartig zeigen, zum

© Springer Fachmedien Wiesbaden GmbH, ein Teil von Springer Nature 2021
C. Lexa, *Fit für die digitale Zukunft*, Fit for Future,
https://doi.org/10.1007/978-3-658-33073-6_5

anderen dass sie sich in allen Bereichen des Lebens, sei es der Wirtschaft, des Arbeitslebens, der Öffentlichkeit oder dem Privatleben zeigen. Sie treten dort auf, wo die Voraussetzungen für Nutzungsmöglichkeiten der Digitalisierung bestehen.

Dies ist aber nicht alles. So erfolgen die Umbrüche nicht nur im Kleinen, sondern auch im Großen. So eröffnen sich durch digitale Technologien Anwendungsmöglichkeiten, die beispielsweise Marktteilnehmern einen Zugang zu Kunden ermöglichen, der ihnen anderweitig nicht offen gestanden hätte. Dadurch entstehen Global Player, die erst durch die Möglichkeiten der Digitalisierung ihre geografischen Grenzen öffnen konnten, um Kunden auf der ganzen Welt anzusprechen.

> **Beispiel**
>
> Ein Beispiel für solch eine disruptive Veränderung ergab sich durch das US-amerikanische Finanzunternehmen PayPal. Während früher Geld ausschließlich über Bankkonten bewegt werden konnte, ermöglichte das Unternehmen Überweisungen basierend auf E-Mail-Adressen. Daraus ergab sich eine völlig neue Zahlungsmöglichkeit, die insbesondere grenzüberschreitend möglich war.

Darüber hinaus ergeben sich disruptive Veränderungen nicht in einzelnen Bereichen, sondern treten in vielen Bereichen gleichzeitig auf und beeinflussen sich so wechselseitig. So treten neue Medien zutage, die beispielsweise das Kommunikationsverhalten, Sozialisierungsprozesse aber auch die Art zu sprechen beeinflussen. Die enorme Menge an Daten, die gesammelt und ausgewertet werden, führen zu völlig neuen Anwendungsmöglichkeiten, die in selbst lernenden Systemen münden. Schließlich können die Veränderungen so groß und die sich daraus ergebenden Möglichkeiten so neu werden, dass es zeitweise völlig an einem Rahmen fehlt, in dem sich relevante Akteure wie Menschen, aber auch Unternehmen oder Staaten, bewegen. Dies gilt beispielsweise für den Rechtsrahmen, der aufgrund der Geschwindigkeit der Veränderungen nicht immer rechtzeitig gebildet werden kann, um die Veränderungen angemessen zu berücksichtigen.

Das, was gerade beschrieben wurde, diese Veränderungen basierend auf digitalen Entwicklungen, die mit so gewaltiger Kraft und Geschwindigkeit auftreten, dass sich vorher undenkbare Folgen ergeben, das ist in diesem Buch mit Digitalisierung gemeint.

6

Zusammenfassung

Im Rahmen dieses Buch ist mit Digitalisierung nicht das bloße Umwandeln von analogen Werten in digitale Formate und ihre Speicherung und Verarbeitung in digitaltechnischen Systemen gemeint. Es ist auch nicht gemeint die sog. „digitale Transformation", welche gekennzeichnet ist durch einen mittels digitaler Technologien durchgeführten Veränderungsprozess.

Gemeint ist der Begriff vielmehr im Sinne einer digitalen Revolution, also eines Umbruches in der Wirtschaftswelt, der Arbeitswelt, in der Beziehung zwischen Menschen und Staat, in der Öffentlichkeit und im Privatleben, ausgelöst durch Digitaltechnik und Computer, welcher so einen Wandel in allen erdenklichen Lebensbereichen bewirkt.

© Springer Fachmedien Wiesbaden GmbH, ein Teil von Springer Nature 2021
C. Lexa, *Fit für die digitale Zukunft*, Fit for Future,
https://doi.org/10.1007/978-3-658-33073-6_6

Teil II

Trends der Digitalisierung

„Die Fabrik der Zukunft wird zwei Angestellte haben, einen Menschen und einen Hund. Der Mensch ist dazu da, den Hund zu füttern. Der Hund, um den Menschen davon abzuhalten, die Geräte anzufassen.“
Warren G. Bennis[1]

---

[1] Quelle: Walter Hugentobler, Karl Schaufelbühl, Matthias Blattner: Integrale Betriebswirtschaftslehre, 2020, Orell Füssli Verlag, S. 840.

7

Einleitung

Nachdem nun klar ist, wie Digitalisierung im Rahmen dieses Buches verstanden werden soll, stellt sich die Frage, auf was Sie sich, werte Leserin bzw. werter Leser, im Rahmen der zukünftigen Entwicklungen mit Blick auf die Digitalisierung einstellen können oder sollen. Denn um zu wissen, welche Fähigkeiten bzw. Kompetenzen erforderlich sein werden, ist es zwingend notwendig, zu wissen, für was diese gebraucht werden.

Dabei muss ich an dieser Stelle kurz anmerken, dass ich natürlich kein Hellseher bin und deshalb nicht weiß, was passieren wird. Allerdings verfolge ich die digitalen Entwicklungen nicht nur in Deutschland, sondern weltweit seit Jahren sehr genau. Ich bin deshalb der Meinung, mir eine vorsichtige Beurteilung der möglichen zukünftigen Entwicklungen erlauben zu können.

Nachfolgend stelle ich 11 Bereiche vor, die meiner Ansicht nach in den nächsten Jahren sehr starke Veränderungen erleben werden. Und wenn ich von „den

© Springer Fachmedien Wiesbaden GmbH, ein Teil von Springer Nature 2021
C. Lexa, *Fit für die digitale Zukunft*, Fit for Future,
https://doi.org/10.1007/978-3-658-33073-6_7

nächsten Jahren" spreche, dann meine ich nicht die nächsten 20 oder 30 Jahre, sondern die nächsten 3–5, vielleicht noch 2 mehr. Wenn Sie jetzt denken, dass dies vielleicht etwas optimistisch geschätzt sein könnte, dann möchte ich Sie daran erinnern, dass der App-Store von Apple im Jahre 2008 an den Start ging.[1] In diesen 12 Jahren, die seitdem vergangen sind, was hat sich da Gewaltiges geändert in der Weise, wie wir leben – denken Sie nur an E-Commerce, cloudbasierte Software oder so triviale Dinge wie Restaurantbuchungen oder Online-banking? Alles funktioniert über eine App! Alleine die Eröffnung des App-Stores von Apple hat die Art, wie wir leben, von Grund auf verändert. Ich kann es nur noch einmal betonen: Das passierte alles nur in 12 Jahren! Ich denke nun werden Sie verstehen, warum ich in den nächsten 3–7 Jahren weitere disruptive Entwicklungen erwarte.

Interview mit Jens Hansen

Jens Hansen ist Zukunftsforscher, Autor und Keynote Speaker. Sein Spezialgebiet sind die Megatrends, die Unternehmen, aber auch die Gesellschaft in den nächsten Jahren beeinflussen und disruptieren werden.

Digitalisierung ist DAS Thema derzeit. Welche Themen sollten in Deutschland dringend angepackt werden?
Aus meiner Sicht geht es darum, die digitale Trans-formation in Deutschland umfassend zu beschleunigen und auf allen Ebenen voranzugehen. Wichtige Punkte sind dabei vor allem mit dem Staat verbunden. Neben digitaler Bildung, digitalen Infrastrukturen und digitaler Verwaltung werden hier Rahmenbedingungen geschaffen, damit Gesellschaft und Wirtschaft digital nach vorne gehen

---

[1]Google zog Ende 2008 mit einem App-Store für Android-Apps nach.

können. Vor uns liegen beispielsweise Regulierungen im Bereich KI, Blockchain und autonomes Fahren. Werden hier gute Bedingungen geschaffen, siedeln sich Unternehmen mit spannenden Geschäftsmodellen an, ansonsten wenden sie sich anderen Standorten zu. Insbesondere bei der Blockchain wäre es wichtig, intelligent und vorausschauend zu agieren. Technologien rund um Distributed Ledger[2] bieten Lösungsansätze, um im Bereich der Plattformen, dem Internet der Dinge, Smart City, digitale Verwaltung und dem Banking der Zukunft digital wieder aufzuholen. Vergeben wir diese Chance, werden wir weiter hinter den USA und China zurückfallen, statt sie mit neuen Ansätzen zu überholen.

In Deutschland wird immer wieder bemängelt, dass zu wenig im Bereich Digitalisierung passiert. Wie sollte sich deiner Meinung nach die Einstellung zur Digitalisierung in Deutschland ändern?
Der Umgang mit der Digitalisierung muss selbstverständlicher werden. In Deutschland wird aus meiner Sicht zu viel darauf geachtet, dass wir digital Niemanden abhängen. Doch dieses Mindset verlangsamt den Digitalisierungsprozess erheblich. Wir können den Menschen ruhig mehr zutrauen, sich selbst in digitale Themen einzuarbeiten. Andere Länder haben bewiesen, dass sich beispielsweise auch Ältere leicht in neue Technologie einarbeiten können. Stark damit verbunden ist eine Einstellungsveränderung im Bereich der Bildung. In unseren Köpfen geht es noch zu sehr um durchorganisierte Lernstrukturen wie Schule oder Studium mit offiziell bestätigten Zeugnissen und Zertifikaten. Dabei geht es bei der Digitalisierung viel mehr um selbstorganisiertes Lernen „on the Job", und zwar über Inhalte, die überall im Internet kostenfrei erschlossen werden können. Dies schafft Geschwindigkeit, denn bis das nötige Wissen in Schulen und Hochschule

---

[2]Bei der Distributed-Ledger-Technologie (DLT) handelt es sich um eine spezielle Form der elektronischen Datenverarbeitung und -speicherung. Als Distributed Ledger oder „Verteiltes Kontenbuch" wird eine dezentrale Datenbank bezeichnet, die Teilnehmern eines Netzwerks eine gemeinsame Schreib- und Leseberechtigung erlaubt (vgl: https://wirtschaftslexikon.gabler.de/definition/distributed-ledger-technologie-dlt-54410).

angekommen ist, sind die gelehrten Inhalte aufgrund der schnellen Digitalisierung bereits veraltet. Schule und Hochschule müssen also eher Methoden als nur reines Wissen vermitteln.

Welche Vorteile erkennst du aufseiten Europas im Hinblick auf die Digitalisierung, die vielleicht noch nicht so im Bewusstsein der europäischen Bürgerinnen und Bürger angekommen sind?
Durch die Heterogenität wird Europa zu einem großen Labor, in dem einzelne Länder schneller voranschreiten können als andere. So haben es beispielsweise die Skandinavier geschafft, Bildung zu digitalen Themen in weite Teile der Bevölkerung zur tragen. Irland gehört hingegen zu den Ländern, in denen kleine und mittelständische Unternehmen besonders stark auf digitale Technologien setzen und die Niederlande sowie Estland liegen bei der Digitalisierung der Verwaltung vorne. Auch innovative Smart-City-Lösungen werden ausprobiert. So haben jüngst in einer Roland-Berger-Studie mit Wien und London 2 europäische Städte das weltweite Ranking angeführt. Hier lässt sich viel voneinander lernen.

Wenn du einen Blick auf die Welt richtest: Welche Herausforderungen siehst du in der Zukunft, die angegangen werden müssen, vielleicht sogar mit international abgestimmten Lösungen?
Global ist es wichtig, mit gleichen digitalen Standards zu arbeiten. Wenn nicht auf Weltebene, dann sollten wir diese zumindest innerhalb der EU abstimmen. Nur mit gleichen Standards sind wir in der Lage, Software und Hardware von verschiedenen Herstellern miteinander kommunizieren zu lassen. Auch rund um das Thema Banking gibt es Abstimmungsbedarf. So werden wir durch die Blockchain-Technologie in einigen Jahren vor der Ablösung des veralteten SWIFT-Systems zum Zahlungsverkehr stehen. Glücklicherweise hat Facebook mit der Digitalwährung Libra die Zentralbanken der Welt wachgerüttelt und Handlungsbedarf aufgezeigt. Ein weiteres internationales Aufgabengebiet öffnet sich bei der Sicherheit im digitalen Raum. Bei der aktuellen Diskussion um den neuen Mobilfunkstandard 5G macht sich dieses bereits bemerkbar. Insbesondere die USA haben Sorge, dass ihre kritische

Infrastruktur von chinesischen Firmen dominiert werden könnte und verbieten ihnen den Marktzugang. Dieser Sicherheitsfokus wird sich auf weitere Bereiche ausweiten. Nur mit intelligenten Lösungen können wir die positive Wirkung des freien Handels- und Dienstleistungsaustauschs erhalten und gleichzeitig die eigene sensible Infrastruktur schützen.

Corona wurde als der „große Beschleuniger" in Sachen Digitalisierung bezeichnet. Wie siehst du das und welche Auswirkungen von Corona auf die Digitalisierung kennst du?
Corona hat die Wichtigkeit des Themas Digitalisierung in den Köpfen verstärkt. Durch den Lockdown wurde das Onlineshopping zur Selbstverständlichkeit. Auch Ältere haben sich kurzfristig eingearbeitet. Zudem hat sich das Homeoffice auf einen Schlag aus der Nische in die Fläche verbreitet. Viele Arbeitnehmer konnten von Zuhause aus zudem wesentlich produktiver arbeiten als erwartet. Beides hat Unternehmen gezwungen, ihren Digitalisierungsansatz zu hinterfragen und den Transformationsprozess zu beschleunigen. Auch wenn noch viel Digitalisierung vor uns liegt, hat Corona doch gezeigt, dass viel mehr viel schneller möglich ist, wenn wir es mit voller Kraft angehen. Das lässt uns hoffen und gibt den Innovationstreibern ein gutes Argument gegenüber den ewigen Zweiflern in die Hand.

8

Künstliche Intelligenz

Beginnen wir gleich mit einem echten „game changer"[1], nämlich den Entwicklungen im Bereich „Künstliche Intelligenz (KI)"[2].

Dabei ist es wichtig, kurz zu definieren, was unter KI zu verstehen ist: Im Grundverständnis bedeutet KI nichts anderes als den Versuch, bestimmte Entscheidungsstrukturen des Menschen nachzubilden. Erreicht werden soll so eine gewisse Eigenständigkeit, beispielsweise eines Computers oder einer Software.

---

[1]Als „game changer" wird eine Person, ein Unternehmen, ein Produkt, eine Technologie oder ein Ereignis bezeichnet, durch das die (Spiel-)Regeln eines Marktes, einer Arbeits- oder einer anderen Routine fundamental geändert werden. Der „game changer" setzt die bisher geltenden Regeln und Mechanismen außer Kraft und ersetzt diese durch neue.

[2]Im Englischen lautet der Begriff „artificial intelligence". Daher kommt die Abkürzung „AI".

© Springer Fachmedien Wiesbaden GmbH, ein Teil von Springer Nature 2021
C. Lexa, *Fit für die digitale Zukunft*, Fit for Future,
https://doi.org/10.1007/978-3-658-33073-6_8

Das ultimative Ziel wäre ein Computersystem, welches wie ein Mensch die Erledigung schwieriger Aufgaben übernimmt. Auch wenn es manchmal in den Nachrichten etwas anders klingt: Von diesem Zustand sind wir wohl noch viele Jahre entfernt. Das liegt daran, dass die selbstständige menschliche Fähigkeit des Lernens noch nicht bei KI-Systemen in ausreichendem Maß erreicht ist. Darüber hinaus ist die Fähigkeit von KI-Systemen im Umgang mit Unsicherheiten und Informationen, die lediglich gewisse Grade von Wahrscheinlichkeiten aufweisen, noch bei Weitem nicht ausreichend.

Was dagegen immer besser funktioniert, ist die Übernahme von einzelnen Aufgaben, die von einem KI-System bearbeitet werden. Dies ist insbesondere dann sinnvoll, wenn die Menge an Daten, die zur Bewältigung der Aufgabe verarbeitet werden müssen, besonders groß ist.

Beispiel 1

Bei dem Dienst „Google Maps", auf den sich immer mehr Menschen weltweit verlassen, anstatt beispielsweise auf die Navigationssysteme in ihrem Kfz zurückzugreifen,[3] sorgt die KI anhand von bestimmten Parametern dafür, dass Nutzer von einem Punkt A zu einem Punkt B gelangen. Dazu werden zum einen Straßenkarten verwendet, diese aber um Nutzerdaten zu Verkehrsaufkommen, Geschwindigkeitseinschränkungen aufgrund von Unfällen oder Wetterdaten ergänzt. Nutzer können darüber hinaus Vorgaben machen wie die Ermittlung der schnellsten Route oder einer Route, die keine Mautstrecken enthält.

---

[3]Der Grund ist ganz einfach: Die Daten, die von Google Maps genutzt werden, beispielsweise in Bezug auf Staumeldungen, sind oftmals genauer als bei herkömmlichen Navigationssystemen.

Beispiel 2

Künstliche Intelligenz wird auch verwendet bei der Zusammenstellungen von Feeds in sozialen Medien wie Facebook oder Instagram. Ein Mensch wäre gar nicht in der Lage, die Vielzahl an Informationen zu verarbeiten, die von den rund 2 Mrd. Facebook- und der 1 Mrd. Instagram-Nutzern erstellt werden.

Beispiel 3

Ein anderes Beispiel sind die Videoanalysetools von YouTube, um beispielsweise Inhalte zu erkennen, die nicht kindgerecht sind.[4]

Beispiel 4

Und als letztes sei genannt die KI, die in Huawei-Smartphones automatisch die Motive analysiert, die von einem Nutzer fotografiert werden sollen. Die KI erkennt, um welches Motiv es sich handelt und verändert automatisch die Einstellungen der Smartphone-Kamera, um dem Nutzer ein möglichst optimales Bildergebnis zu bescheren.

Wenn man diese Beispiele weiter denkt, dann wird schnell ersichtlich, worauf das hinauslaufen kann. KI-Systeme werden immer mehr Aufgaben übernehmen und so helfen, dass Menschen Entscheidungen leichter fällen können oder diese Entscheidungen gleich für

---

[4]Meldung vom 27. September 2020: https://www.it-daily.net/shortnews/25524-youtube-ki-verschaerft-altersbeschraenkungen. Letzter Zugriff am: 3. Januar 2021.

Menschen fällen. Dabei kann dies subtil im Hintergrund erfolgen wie die Optimierung von Fotos, es kann aber auch erfolgen im Rahmen der Verwendung von Chatbots bei der Kommunikation mit Kunden,[5] wo nicht mehr erkennbar sein wird, ob der Kunde mit einem Menschen kommuniziert oder mit einer Software, bis hin zur Nutzung im Rahmen von Gesichtserkennungssoftware, die eingesetzt werden kann zur Erkennung von gesuchten Personen bis hin zur Überwachung ganzer Gesellschaften.

Konsequent dann weitergedacht werden durch den Einsatz von KI-Systemen immer mehr Bereiche unseres Lebens ohne menschliches Zutun gestaltet. Dies wird Auswirkungen haben, nicht nur auf die Art unseres Zusammenlebens, sondern auch auf die Art, wie wir selbst unser Leben gestalten. Denn wenn immer mehr Arbeiten und Tätigkeiten durch KI-Systeme ersetzt werden, dann stellt sich die Frage, was für den Menschen noch übrig bleibt. Und bevor Sie jetzt vorschnell antworten, mit den Bereichen der Kreativität wie Kunst oder das Finden neuer Ideen, so sollten Sie sich fragen, ob dies wirklich Bereiche sind, in denen KI-Systeme nicht auch tätig werden.[6]

---

[5]So konnte der Chatbot „Meena" von Google in diversen Tests den Eindruck erwecken, man würde mit einem Menschen kommunizieren – weil er Smalltalk ermöglicht. (Nickel, Oliver: Chatbot Meena ist fast so überzeugend wie ein echter Mensch.) Auf: Golem.com vom 31. Januar 2020. Letzter Zugriff am: 3. Januar 2021.

https://www.golem.de/news/google-chatbot-meena-ist-fast-so-ueberzeugend-wie-ein-echter-mensch-2001-146391.html; https://t3n.de/news/googles-meena-durchbruch-fuer-1284458.

[6]So wurde 2018 ein von einem Algorithmus erstelltes Bild von dem Auktionshaus Christie's für mehr als 430.000,00 US$ versteigert. (min G max D Ex[log (D(x))] + Ez[log(1 − D(G(z)))] hat was gemalt.) Auf: faz.net vom 25. Oktober 2018 https://www.faz.net/aktuell/feuilleton/kunst/christie-s-versteigert-ki-kunst-15857095.html. Letzter Zugriff am 3. Januar 2021.

Ausblick

Künstliche Intelligenz wird in der Lage sein, Datenmengen zu analysieren, deren Umfang für einen Menschen nur noch schwer vorstellbar ist. Daraus werden sich neue Entwicklungen ergeben, beispielsweise in den Bereichen Wetter, Weltraum oder Materialforschung, aber auch beim Umgang mit Müll oder Krankheiten.

9

Digital Health

Bei Digital Health geht es darum, die Effizienz der
Gesundheitsversorgung zu verbessern. Computertechno-
logie, zum Beispiel im Bereich der Diagnose, „intelligente"
Hardware und Kommunikationsmedien werden vernetzt, mit dem Ziel, Patienten und den Beschäftigten in
Gesundheitsberufen wie Ärzten und Pflegekräften beim
Umgang mit Krankheiten, aber auch mit Gesundheits-
risiken zu helfen bzw. die Gesundheit und das Wohl-
befinden zu unterstützen und zu stärken.

Zum Bereich Digital Health gehören die Nutzung von
Gesundheitstechnologie zur Vorbeugung von Krankheiten,
die Diagnose und Behandlung von bestehenden oder sich
entwickelnden Krankheiten sowie die Überwachung von
Patienten im Rahmen der Rehabilitation oder in Pflege-
situationen. Ergänzend sind Computersimulationen,
Modellansätze und maschinelle Lernmethoden zu nennen,
die zu gesundheitsbezogenen Ergebnissen führen und so
beispielsweise Versuche an Menschen und Tieren ersetzen.

© Springer Fachmedien Wiesbaden GmbH, ein Teil von Springer
Nature 2021
C. Lexa, *Fit für die digitale Zukunft,* Fit for Future,
https://doi.org/10.1007/978-3-658-33073-6_9

Zu den Technologien, die eingesetzt werden, gehören beispielsweise Rehabilitationsrobotik für Menschen mit Behinderungen oder Geräte mit Überwachungssensorik. Darüber hinaus kann mit Unterstützung von Software Ärzten die Diagnoseentscheidungen erleichtert werden, indem beispielsweise patientenbezogene Daten analysiert und interpretiert werden.

Die Veränderungen, die sich im Bereich Digital Health ergeben, werden signifikant sein. So wird der Einsatz von Software, beispielsweise KI-Systemen, nicht nur die Erstellung von Diagnosen, beispielsweise von Ärzten oder in Krankenhäusern, verbessern, sondern sie wird es den Nutzern ermöglichen, eigene Diagnosen zu erstellen, um so ihren eigenen Gesundheitszustand zu beurteilen und Anregungen zu erhalten, wie sie diesen verbessern können.[1] Weiter wird beispielsweise die immer stärkere Nutzung von Robotern in der Pflege die Interaktion mit Maschinen verändern.[2]

---

[1]So werden Smart Watches wie die Apple Watch, die Uhr von Apple, mit immer mehr Funktionen ausgestattet, die es entsprechender Software erlaubt, Gesundheitsanalysen zu erstellen. Waren dies am Anfang beispielsweise ein Schrittzähler oder Sensoren zur Messung der Herzfrequenz, ist es im Model 6 ergänzend ein Sensor zur Messung des Blutsauerstoffgehalts.

[2]So ist der Roboter „Pepper" in der Lage, Empfindungen wahrzunehmen und so gezielte Interaktionen mit Menschen durchzuführen. Sein Einsatz wird derzeit beispielsweise in Altenpflegeheimen getestet, wo es den Insassen oftmals an Interaktion und Gesprächen fehlt (Kolirin, Lianne: Talking robots could be used to combat loneliness and boost mental health in care homes. Auf: cnn. com. Vom: 8. September 2020, letzter Zugriff am 3. Januar 2021: https://edition.cnn.com/2020/09/08/health/care-robots-wellness-gbr-scli-intl/index.html).

Ausblick

Es wird zu einer Veränderung des Verhältnisses zwischen (potenziellen) Patienten und Angehörigen der medizinischen und pflegerischen Berufe kommen. Standarddiagnosen werden immer öfter von Computersystemen erstellt und beispielsweise ärztliche Entscheidungen, aber auch ärztliche Tätigkeiten wie chirurgische Eingriffe[3] werden immer stärker durch digitale Systeme unterstützt oder ersetzt. Und der Einsatz von Robotern wird dazu führen, dass Pflegekräfte entlastet, vielleicht aber sogar ersetzt werden.

---

[3]So gibt es beispielsweise seit 2000 das „da vinci-Operationssystem", das inzwischen in über 100 Kliniken eingesetzt wird (DA VINCI – das Master-Slave-Assistenzsystem. Auf: operation-karriere.de. Vom: 3. Dezember 2020, letzter Zugriff am 3. Januar 2021: https://www.operation-karriere.de/karriereweg/von-beruf-arzt/vor-und-nachteile-des-da-vinci-systems.html).

10

Digitale Plattformen

Plattformen sind eine besonders spannende Entwicklung der letzten Jahre. Gab es schon Ende der 1990er-, Anfang der 2000er-Jahre mit der sog. „New Economy" Ansätze, Geschäftsmodelle auf digitalen Plattformen zu etablieren, sind diese inzwischen aus unserem Alltag nicht mehr wegzudenken. Und dabei denke ich nicht nur an bekannte Plattformen wie Amazon oder Alibaba für E-Commerce, Facebook oder TikTok für Social Media und Airbnb oder Couchsurfing für Vermietungen,[1] sondern auch Industrieplattformen wie Mindsphere von Siemens, Predix von General Electric oder COSMOPlat des chinesischen Unternehmens Haier.

---

[1]Weitere bekannte Plattformen sind beispielsweise Eventbrite für Veranstaltungen, Tinder für Partnervermittlung, YouTube für Online-Videos, WeChat für Chats und Zahlungen in China oder Google für Suchanfragen.

© Springer Fachmedien Wiesbaden GmbH, ein Teil von Springer Nature 2021
C. Lexa, *Fit für die digitale Zukunft*, Fit for Future,
https://doi.org/10.1007/978-3-658-33073-6_10

Was den Erfolg von Plattformen, insbesondere im E-Commerce-Bereich, aber natürlich auch in anderen Bereichen, ausmacht, ist zum einen die Vernetzung von Nutzern. Da die Basis einer digitalen Plattform eine Software ist, ist die Anzahl der Nutzer einer Plattform praktisch unbegrenzt. Das ist aber nicht alles. Denn letztendlich geht es bei einer Plattform darum, nicht nur einfach Nutzer, beispielsweise Anbieter und Kunden, zusammenzubringen. Vielmehr geht es darum, das Zusammenkommen sinnvoll zu gestalten, also beispielsweise einem Anbieter von Produkten möglichst viele Kunden zuzuführen, wogegen ein Kunde ein möglichst für ihn passendes Produkt vorgeschlagen bekommen möchte. Der sog. „Netzwerkeffekt" in Verbindung mit Plattformen basiert nun darauf, dass eine Plattform nicht nur umso attraktiver wird, je mehr Nutzer eine Plattform nutzen, sondern durch die auf einer Plattform durch die Nutzer erzeugten Daten werden die Ergebnisse für die Nutzer immer sinnvoller, was wiederum die Beliebtheit einer Plattform steigert, was wiederum immer mehr Nutzer anzieht, was wiederum immer mehr Daten erzeugt, die wiederum die Ergebnisse für die Nutzer verbessern usw.

Eine Besonderheit muss dabei noch erwähnt werden: Viele der Plattformanbieter verfügen gar nicht mehr selbst über das, was auf ihnen angeboten wird. So verfügt Airbnb selbst nicht über Wohnungen, die es anbietet oder Uber nicht über eigene Fahrzeuge.

Selbst wenn man etwas gönnerhaft behauptet, Plattformen zum Zusammenbringen von Nutzern hätte es ja schon immer gegeben, nämlich in Form von Marktplätzen, so ist doch der Erfolg von Plattformen in den letzten Jahren ein Ergebnis der Digitalisierung. Denn erst das weltweite Internet hat die Verbindung von Menschen über Ländergrenzen hinweg und damit das Zusammenfinden dieser Personen auf bestimmten Plattformen möglich gemacht. Und die Steigerung der Leistungsfähigkeit von Computerprogrammen beim Sammeln und Analysieren von Daten erlaubte die Verbesserung der Ergebnisse für die Nutzer.

Letztendlich wird es darauf ankommen, die von den Nutzern einer Plattform generierten Daten zu verwenden. Dabei werden die Daten mitunter in einer Weise genutzt, die sich erst auf den zweiten Blick erschließt. So analysiert Uber beispielsweise Fahrverhalten, aber auch Hindernisse auf bestimmten Fahrstrecken. Google ist in der Lage, anhand des Suchverhaltens seiner Nutzer Rückschlüsse auf dessen Interessen herzustellen und so gezielte Werbung auszuspielen – auch Facebook nutzt Daten auf diese Weise und nicht nur, um die Anzeige von Postings im Newsfeed eines Nutzers zu steuern.

Denkt man digitale Plattformen weiter, dann ist es nicht ausgeschlossen, dass sich aus der Kombination von Anzahl der Nutzer und Qualität des Erlebnisses der Nutzer auf einer Plattform eine Beeinträchtigung des Angebots außerhalb der Plattform ergibt. Denn wenn eine Plattform für einen Nutzer so „gut" ist, d. h. das Erlebnis so ausreichend, dann wird es sinnlos, eine andere Plattform zu verwenden.

→ **Ausblick**

Die Skaleneffekte von Plattformen werden ein immer besseres Erlebnis von Anbietern und Nutzern ermöglichen. Dadurch werden aber die Betreiber der Plattformen immer mächtiger, weil gegen ihre Nutzerzahl schlichtweg nicht anzukommen ist. Daraus ergeben sich beispielsweise Fragen nach der Gewährleistung des Wettbewerbs oder der Verhinderung des Missbrauchs der von einer Plattform erstellten Daten über die Nutzer der Plattform.

11

Mobility

Die Digitalisierung wird völlig neue Mobilitätskonzepte ermöglichen. Insbesondere wenn es um den Bereich der Konnektivität, also der Vernetzung, geht, werden sich durch die Digitalisierung gravierende Neuerungen ergeben.

Digitale Vernetzung sorgt nicht nur für mehr Mobilitätsangebote. Sie legt eine völlig neue Ebene über die bestehenden Mobilitätsstrukturen. Insbesondere durch den Datenaustausch zwischen Verkehrsteilnehmern, den von ihnen verwendeten Fahrzeugen und der die Nutzer und ihre Fahrzeuge umgebenden Infrastruktur wird Mobilität auf eine neue Stufe gehoben. Das Ergebnis wird ein sich selbst steuerndes System der Echtzeit-Verkehrsplanung, der On-Demand-Verfügbarkeit von Transportmitteln sowie reibungslose Übergänge von einem Transportmittel zum anderen sein.

Im Ergebnis wird es zu einer Verbesserung von Verkehrsfluss und Sicherheit kommen. Denn die auf immer

© Springer Fachmedien Wiesbaden GmbH, ein Teil von Springer Nature 2021
C. Lexa, *Fit für die digitale Zukunft*, Fit for Future,
https://doi.org/10.1007/978-3-658-33073-6_11

mehr Daten basierenden Mobilitätskonzepten werden Verkehr, Reisen und Transport einfacher, schneller, reibungsloser und umweltfreundlicher machen. Denken Sie nur an die intelligente Steuerung von Ampelanlagen in Städten, die sich nicht mehr an festgelegte Schaltintervallen halten, sondern die Ampeln je nach Verkehrsströme so schalten, dass Verkehr möglichst schnell fließen kann und unnötige Standzeiten verringert bzw. eliminiert werden.

Darüber hinaus wird die Routenplanung sowie die Auslastung beispielsweise des öffentlichen Nahverkehrs optimiert und so die Lebensqualität durch die Verringerung von Belastungen mit Lärm oder Abgasen verbessert.

Weiter seien an dieser Stelle noch zum einen die selbstfahrenden Fahrzeuge genannt. Sie nehmen ihre eigene Situation im Verkehr und im Verhältnis zu anderen Verkehrsteilnehmern wahr, beziehen ständig Daten über das Internet, die dann im Hinblick auf den Verkehr analysiert werden und steuern sich im Idealfall selbstständig ans Ziel – und das sicherer und schneller, als es ein Mensch könnte.

Zum anderen sei noch in diesem Zusammenhang auf den Einsatz von Drohnentechnologie hingewiesen. Drohnen bieten Einsatzmöglichkeiten, wie zum Beispiel im Rahmen von Transport von Gütern oder wenigen Personen, die früher nicht möglich waren. So wird es möglich sein, Waren zielgenau mittels spezieller Drohnen zu einem Ziel zu transportieren. Und Personen können mittels Drohnen den Luftraum nutzen, was bislang privaten und militärischen Flugzeugen vorbehalten war, was umfangreiche Vorbereitungen für Start, Steuerung und Landung voraussetzte, vom Platzbedarf ganz zu schweigen.

Schließlich wird sich der Umgang mit den Eigenschaften eines Transportmittels ändern. Wurden früher beispielsweise Verbesserungen an Fahrzeugen mittels Veränderungen an der Hardware herbeigeführt, werden die Autos von Tesla mittels Update der Software mit neuen Funktionen versorgt. Und auch eine Steuerung der Leistungsfähigkeit mittels Software ist möglich.[1]

Ausblick

Die Bewegung von Ort zu Ort wird auch in Zukunft eine zentrale Rolle spielen. Allerdings wird Mobilität individueller und immer stärker von Software geprägt, sei es aufgrund von neuen Angeboten für unmittelbaren Transport, sei es aufgrund von Upgrades beim Transportmittel.

---

[1]Tesla verkauft Modelle seiner Fahrzeuge, die über eine stärkere Batterie verfügen, als im Rahmen des Verkaufs verwendbar. Erst durch eine spezielle Freischaltung über die Software kommen Nutzer in den Genuss der gesamten Batteriekapazität; genauso kann mittels Software-Update die Beschleunigung im Model 3 verbessert werden (Lampert, Fred: Tesla launches $2,000 ‚Acceleration Boost' for 3,9s 0–60 mph in Model 3 Dual Motor. Auf: theverge. com. Vom: 19. Dezember 2019. Letzter Zugriff: 3. Januar 2021: https://www. theverge.com/2016/5/5/11597508/tesla-model-s-70-battery-upgrade-pay-unlock-battery; https://electrek.co/2019/12/19/tesla-acceleration-boost-model-3-dual-motor).

12

Digitales Umweltmanagement

Es ist inzwischen wohl unbestritten, dass der Ressourcenverbrauch der Menschen nicht nur zu Umweltbeeinträchtigungen, sondern zu Umweltverunreinigungen in großem Ausmaß führt. Exemplarisch seien hier die Auswirkungen durch den Abbau seltener Erden, die Ansammlung von Plastik und Mikroplastik in den Meeren oder die Austrocknung von Flächen durch Einwirkungen in den Wasserhaushalt genannt.

Mithilfe der Digitalisierung ist es möglich, Auswirkungen auf die Umwelt zu reduzieren bzw. gänzlich zu eliminieren. So ist es beispielsweise Unternehmen möglich, mittels Software ihre Verbräuche zu reduzieren. 3D-Drucker ermöglichen das Bereitstellen von bestimmten Komponenten, sodass diese nicht mehr vom Lieferanten zum Nutzer transportiert werden müssen. Und mittels Social Media wird beispielsweise die Koordinierung von

© Springer Fachmedien Wiesbaden GmbH, ein Teil von Springer Nature 2021
C. Lexa, *Fit für die digitale Zukunft*, Fit for Future,
https://doi.org/10.1007/978-3-658-33073-6_12

globalen Umwelt-Events wie dem „World Cleanup Day" möglich.[1]

Das ist aber nicht alles. Durch die Analyse von Daten im Rahmen von bestimmten Aktivitäten kommt es zu Erkenntnissen, die wiederum im Rahmen anderer Aktivitäten genutzt werden können.

Beispiel

Der World Cleanup Day ist bekannt als das Event weltweit, bei dem in einer konzentrierten Aktion von mehreren Millionen Menschen Müll gesammelt wird. Aber das ist nicht alles. Die Daten, die sich aus der Analyse des Mülls ergeben, lassen diverse Rückschlüsse zu, die wiederum im Rahmen des Umweltschutzes eine Rolle spielen. So kann beispielsweise nachvollzogen werden, welche Art von Müll in einem Land am häufigsten anfällt oder was sich für Folgen aus der Verwendung von bestimmten Materialien, die sich dann im Müll wiederfinden, ergeben. Darüber hinaus konnte konkret festgestellt werden, dass Zigarettenstummel zu den am meisten gesammelten Gegenständen gehörten, was deshalb so bemerkenswert ist, weil diese Stummel die Hauptverursacher für Umweltverunreinigungen mit Plastik sind. Die Erkenntnisse aus dem World Cleanup Day offenbaren deshalb das „Problem Zigarettenstummel" und sorgen so dafür, dass an Lösungen gearbeitet werden kann.

---

[1] Im Rahmen des World Cleanup Days sammeln Millionen von Menschen auf der ganzen Welt Müll und dokumentieren das Ergebnis der Aktion. Ermöglicht wurde dieses globale Ereignis, welches in 2019 rund 21 Mio. Teilnehmer hatte, durch die Verwendung von Vernetzung über soziale Netze und den Einsatz von Software. Initiiert wurde der World Cleanup Day übrigens in Tallinn in Estland, was zeigt, dass so eine Initiative nicht immer von einem großen Land oder einer großen Organisation ausgehen muss: https://www.worldcleanupday.org.

Ausblick

Mittels digitaler Tools wird es möglich werden, Rohstoff-
kreisläufe zu verfolgen und Umweltbeeinträchtigungen
besser nachzuvollziehen. Des Weiteren werden die Folgen
für die Umwelt, die sich durch menschliches Handeln
ergeben, verständlicher.

13

Digital Learning

Noch vor einigen Jahren war die Vermittlung von Wissen klar geregelt. Wissen wurde in Lehranstalten verschiedenster Art, seien dies Schulen, Akademien, Hochschulen oder sonstige Lerninstitutionen vermittelt. Dabei war die Vermittlung von Wissen durch die „besten" Lehrer nicht immer kostenfrei – insbesondere in den USA stiegen die College- und Universitätsgebühren immer weiter, weshalb beispielsweise immer wieder das deutsche Bildungssystem mit den kostenfreien Schulen und Hochschulen gelobt wurde. Durch die Digitalisierung hat sich das fundamental geändert. Wissen ist inzwischen ein Gut geworden, welches überall verfügbar ist.

> **Beispiel**
>
> Zu nennen ist in diesem Zusammenhang insbesondere die Khan Academy. In 2008 unterrichtete Salman „Sal" Khan einen seiner Cousins in Mathematik. Er verwendete dabei einen Online-Dienst namens „Yahoo! Doodle Images".

© Springer Fachmedien Wiesbaden GmbH, ein Teil von Springer Nature 2021
C. Lexa, *Fit für die digitale Zukunft*, Fit for Future,
https://doi.org/10.1007/978-3-658-33073-6_13

Weil auch weitere Cousins von seinem Wissen profitieren wollten und Salman Khan seine Wissensvermittlung in replizierbarer Form zur Verfügung stellen wollte, erstellte er Videotutorials und lud diese auf YouTube hoch, sodass sie öffentlich verfügbar waren. Diese und viele weitere Videos, die er erstellte und in denen er Wissen vermittelte, erwiesen sich als so populär, dass er sich 2009 mit der Khan Academy selbstständig machte. Die erstellten Videos sind dabei kostenfrei auf der Videoplattform YouTube zugänglich.

Die Khan Academy und die basierend auf deren Erfolg im Nachgang ins Leben gerufenen Angebote an Wissen durch Universitäten wie dem Massachusetts Institute of Technology (MIT) und anderen Aus- und Weiterbildungseinrichtungen in Form von kostenfreien Studien- und Lehrgängen, aber auch durch mehr oder weniger ausgebildete Einzelpersonen haben den Umgang mit Wissen und die Art der Wissensvermittlung auf eine neue Ebene gehoben.

Im Grunde ist es möglich, zu nahezu jedem Thema auf entsprechendes Wissen zuzugreifen und dies im Regelfall kostenfrei, sei es in Form von Texten, sei es Form von Videos oder Audio-Podcasts oder Mischformaten. Damit werden sich völlig neue Möglichkeiten ergeben, wie Lernen in der Zukunft aussehen wird.

Zum einen natürlich werden sich viel mehr Themen ergeben als früher, in denen eine Weiterbildung und Wissensvermittlung möglich ist. Wenn man sich alleine auf YouTube umschaut, dann gibt es dort fast kein Thema und fast keinen Bereich, zu dem nicht Videos zu finden sind, mithilfe derer man sein Wissen erweitern kann.

Aber es geht nicht nur allein um die Wissensvermittlung selbst, es geht auch um die Art, wie Wissen vermittelt wird. Videos gehören dabei sicherlich zu den stärksten Trends. Jedoch ermöglicht die Digitalisierung noch viele andere Arten. So können beispielsweise Lehrbücher mittels einer speziellen Software 3D-Animationen abspielen. So kann das Lernerlebnis durch 3D-Elemente mittels Augmented Reality verbessert werden, insbesondere wenn mit den 3D-Elementen interagiert werden kann.

Beispiel

Das Unternehmen appear2media, jetzt Couples Vertriebs GmbH & Co. KG, kombiniert Augmented-Reality-Elemente mit Druckwerken. So wurde beispielsweise im Rahmen des G20 Young Entrepreneurs' Alliance Summit 2017 in Berlin die Konferenzbroschüre mit einem Grußwort des Präsidenten des Summit versehen, welche mittels einer App aufgerufen werden konnte und dann in 3D erschien. Des Weiteren hat das Unternehmen für den Discounter Lidl eine App für ein Malbuch entwickelt, mithilfe derer in dem Malbuch ausgemalte Tiere in 3D erscheinen konnten.

Alternativ kann die Vermittlung von Lehrstoff gleich in einen virtuellen Raum verlegt werden, in dem jede Art von Visualisierung möglich ist, zugeschnitten auf den jeweils aktuellen Lehrstoff.

Und das Lernen selbst verändert sich. Früher war beispielsweise für alle Schüler die Methode des Lernens gleich. Sie wurden in der Schule frontal unterrichtet und es hing vom Talent des Lehrers ab, ob die Wissensvermittlung bei allen Schülern erfolgreich war. Ein Eingehen auf individuelle Bedürfnisse war regelmäßig nicht möglich. Durch die Digitalisierung ist es nicht nur möglich, dass Schüler sich zum Beispiel durch verschiedene Videos mehrere Lehrer ansehen können, bis sie einen finden, der zu ihren Bedürfnissen passt. Es ist auch möglich, die Vermittlung des Lehrstoffes an die Aufnahmefähigkeit des Schülers anzupassen und sogar auf den einzelnen Schüler einzugehen. Und schließlich kann das Lernerlebnis durch verschiedene didaktische Techniken, aber auch durch

Techniken im Hinblick auf die Vermittlung von Lern-
inhalten über verschiedene Wege wie Text, Video oder
Audio und der entsprechenden Geräte wie Laptops oder
das Smartphone verbessert und insbesondere individuell
auf die jeweiligen Bedürfnisse gestaltet werden.

Ausblick

Die Vermittlung von Wissen wird mehrdimensional werden,
diverse Medien werden verschmelzen und so Wissens-
elemente besser verbinden. Darüber hinaus wird es nicht
mehr darauf ankommen, Wissen nur zu archivieren,
sondern deren Anwendung zu trainieren.

14

Cyber Security

Die enorm angestiegene Menge an Daten und deren Verwaltung hat dazu geführt, dass die Systeme zur Beherrschung dieser Daten immer größer und komplexer wurden. Die Ansammlung thematisch verbundener Daten wiederum sorgte dafür, dass Begehrlichkeiten hinsichtlich des Zugriffs auf diese Daten geweckt wurden. Darüber hinaus wurde die Steuerung von Anlagen, Systemen etc. immer stärker in den digitalen Bereich verlagert, d. h. anstatt von mechanischen Steuerungen erfolgt nun eine digitale.

Das jedoch führt dazu, dass die Möglichkeit der Manipulation von Daten, aber auch von Systemen immer reizvoller wird.

© Springer Fachmedien Wiesbaden GmbH, ein Teil von Springer Nature 2021
C. Lexa, *Fit für die digitale Zukunft*, Fit for Future,
https://doi.org/10.1007/978-3-658-33073-6_14

Beispiel

Stellen Sie sich einfach einmal vor, dass Sie Zugriff auf die Daten von Amazon-Kunden hätten. Sie könnten nun im Namen dieser Kunden Bestellungen auslösen, insbesondere wenn die Kundendaten verbunden sind mit Daten von Kreditkarten oder sonstigen Zahlungsmethoden. Insbesondere wenn Sie nun der Anbieter von bestimmten Waren wären, so könnten Sie bei sich selbst Bestellungen auslösen, die eventuell nicht mehr rückabgewickelt werden könnten. Sie könnten so eine Menge Geld in Ihre Taschen schleusen.

Anhand dieses Beispiels wird deutlich, welche Bedeutung Daten bzw. der Schutz von Daten in der Zukunft haben werden. Hier nun kommt das Thema Cyber Security ins Spiel.

Cyber Security oder IT-Sicherheit ist der Schutz von Netzwerken, Computersystemen, cyber-physischen Systemen und Robotern vor Diebstahl oder Beschädigung ihrer Hard- und Software oder der von ihnen verarbeiteten Daten sowie vor Unterbrechung oder Missbrauch der angebotenen Dienste und Funktionen.[1]

Die Bedeutung von Cyber Security wird deutlich, wenn man sich die Omnipräsenz von W-LAN und von intelligenten Geräten wie Smartphones und Wearables wie Smart Watches, der Vernetzung von Geräten und Systemen sowie der Verbreitung von Robotern und KI-Systemen, die mit Menschen und Maschinen interagieren und kommunizieren, vor Augen führt. Der Schutz der so produzierten Daten wird immer wichtiger und stellt entsprechende IT-Konzepte, -Richtlinien und -Maßnahmen

---

[1]Vgl. Gabler Wirtschaftslexikon: https://wirtschaftslexikon.gabler.de/definition /cybersecurity-99856.

sowie spezielle Soft- und Hardware in den Fokus. Ziel dabei ist es, den unerwünschten bzw. unerlaubten Zugriff durch Hacker auf Hard- und Software über Netzwerke und Schadsoftware wie Viren oder Trojaner zu verhindern.

Die Bedeutung von Cyber Security ergibt sich daraus, dass einerseits die Daten, um die es Hackern geht, einen immer größeren Wert darstellen. Denken Sie beispielsweise an Betriebsgeheimnisse wie neue Legierungen oder Produkte, aber auch an militärische oder persönliche Daten wie Krankenakten.

Auf der anderen Seite steuern die Systeme, die es zu schützen gilt, immer sensiblere Bereiche, seien es Finanztransaktionen, die Energieversorgung oder Verkehr. Eine Manipulation dieser Systeme würde zu Störungen mit möglicherweise katastrophalen Folgen wie Versorgungsunterbrechungen oder Ausfällen führen.

Kommt es zu Cyberattacken, so sind diese mit immer größere Schäden verbunden, seien diese in finanzieller Hinsicht zu sehen oder in Einschränkungen oder Ausfällen von Versorgungseinrichtungen oder sonstigen Diensten.

Beispiel

Die Angriffe und ihre Folgen können in der Tat vielfältig sein. So wurden 2014 Daten des Schweizer Rüstungskonzerns RUAG zu geheimen Projekten des Verteidigungsdepartements gestohlen. Im Jahr 2015 wurden bei Yahoo Daten von rund 500 Mio. Nutzern entwendet. Und 2016 wurde versucht, das globale Zahlungssystem SWIFT zu infiltrieren. Als es in einem Fall gelang, konnten rund 81 Mio. Dollar von der Zentralbank Bangladeschs gestohlen werden.

→ **Ausblick**

Durch den Anstieg der Menge an verwalteten Daten und die verstärkte digitale Steuerung von immer mehr Systemen wird der IT- und Datensicherheit zukünftig eine immer stärkere Bedeutung zukommen. Dabei wird insbesondere die Frage zu stellen sein, wer für den Schutz verantwortlich ist, welches Maß an Sicherheit zu bieten ist und wie mit Fällen umzugehen ist, in denen der Schutz nicht ausreichend gegeben ist.

Interview mit Marco Tarsia

Marco Tarsia ist Experte für Netzwerksicherheit und Digitalisierungsstrategien, Interrimsmanager, Inhaber der Unternehmensberatung „heldtweit" sowie der Cafe-Roller. Sein Spezialgebiet sind die Analyse und Verwendung von Daten.

Was sind die 3 größten Herausforderungen in Bezug auf IT-Sicherheit in den nächsten Jahren?
Der unvermeidlich zunehmende Grad an Vernetzung und noch wenig durchdachter Automatisierung wird die Komplexität der Systeme exponentiell erhöhen. Dadurch steigt die Anzahl der Fehler in Planung und Umsetzung aber auch die schiere Masse an Abhängigkeiten und Verknüpfungen, die überwacht und geschützt werden müssen. Das Niveau, auf dem ein Mensch noch in der Lage wäre, die anfallenden Informationen zu verarbeiten und zu verstehen, ist längst überschritten und so richten sich erfolgreiche Angriffe immer mehr der eigentlichen Schwachstelle.

Gleichzeitig werden die Systeme zur Analyse und automatisierten Ausnutzung der Ergebnisse immer leistungsfähiger und können so nicht nur IT-Systeme immer effizienter angreifen, sondern auch Menschen immer besser einschätzen und manipulieren. Die digitale Welt zerfällt immer mehr in einen Raum der Anbieter, Auswerter und Gewinnoptimierer einerseits und eine Sphäre der willfährigen und wehrlosen Konsumenten und Datenlieferanten andererseits. Die ungünstige Verteilung der technischen Mittel fast ausschließlich zugunsten der einen Seite ist eine zentrale Bedrohung nicht nur für die IT-Sicherheit, sondern für die weitere Bedeutung des Menschen in der Wirtschaft und letztendlich auch in der Gesellschaft.

Die Berichte über Cyber-Attacken häufen sich. Was sollten Unternehmen in diese Richtung beachten bzw. unternehmen?
Zunächst gilt es keine Panik aufkommen zu lassen und auf die Schnelle irgendeine Hardware-/Softwarelösung zu kaufen, die Schutz verspricht. Als grobe Faustregel gilt es die Backup- (und Wiederherstellungs-)Strategie zu überprüfen, um Erpressung durch Datenverlust irrelevant zu machen und alle Daten, die abhandenkommen könnten, stark und sicher zu verschlüsseln, und zwar mit eigenen geheimen Schlüsseln, nicht mit einer angeblichen Cloud Security. Danach müssen die Ursachen von Angriffen und Schwachstellen gefunden und verstanden werden. Viel zu viele angebliche Lösungen bekämpfen eher Symptome oder schaffen sogar mehr Probleme als sie lösen.

Welche Rolle spielt der Mensch im Bereich Cyber Security/ IT-Sicherheit?
Der Mensch als Benutzer darf inzwischen als das schwächste Glied in der Kette gesehen werden, da er sehr anfällig für Manipulationen ist und oft den Aufwand scheut, Systeme zu verstehen, Sachverhalte zu hinterfragen oder schlechte Gewohnheiten abzulegen. Aber auch als Entscheider über Architekturen und Sicherheitsmechanismen versagt er zunehmend, da er sich das Ausmaß der fortwährend laufenden Angriffe auf die Sicherheit einfach nicht vorstellen und oft genug die Implikationen seiner Entscheidungen nicht mehr abschätzen kann. Durch dieses fortgesetzte Fehlverhalten beschleunigt der Mensch seine Verdrängung aus der digitalisierten Welt und gleichzeitig seine Abhängigkeit von immer weniger Experten, Anbietern und Systemen.

Welche Herausforderungen in Bezug auf Datenschutz kannst du erkennen, wenn die Vernetzung der Geräte in den nächsten Jahren immer mehr zunimmt? Welche Lösungen gibt es dafür?

Die Vernetzung von Geräten an sich stellt keine besondere Bedrohung für den Datenschutz dar. Die entscheidende Frage ist, welche Daten erhoben und verarbeitet werden, wem diese Daten gehören und wo sie verarbeitet werden. Je mehr Daten einem bestimmten Objekt zugeordnet werden können (z. B. einer Person, einem Unternehmen oder Gebäude) desto genauer lässt sich dieses modellieren und manipulieren. Das Problem lässt sich nur dadurch lösen, dass die Aggregation der Daten oder deren Auswertung verhindert wird. Also entweder erfolgt die Verarbeitung auf eigener Hardware unter eigener Kontrolle vor Ort und keinesfalls bei irgendeinem Cloud-Anbieter oder die zentral und unkontrolliert verarbeiteten Daten müssen sich der Analyse entziehen können. Das kann einerseits durch starke Verschlüsselung (wie beispielsweise die Ende-zu-Ende-Verschlüsselung aller Nachrichten) oder das Anreichern der Analysepools mit irrelevanten oder anonymen Daten geschehen. Da diese Maßnahmen wirtschaftlichen Interessen eher entgegenstehen, sind diese aktuell noch eher bei den Geheimdiensten zu finden als beim privaten Anwender oder in Unternehmen.

Was können Menschen machen, wenn sie für sich Datenschutz intensiver betreiben wollen, aber nicht auf Apps und sonstige Möglichkeiten der Digitalisierung verzichten wollen?
Wichtig ist, dass die Menschen wieder anfangen, die von ihnen benutzten Möglichkeiten wieder zu verstehen. Es gibt für die meisten Apps, Portale und Anwendungsfälle alternative Lösungen, von denen etliche auch mit Sicherheit und Datenschutz im Fokus entwickelt werden. Viele davon sind freie Open-Source-Software, die dasselbe Problem löst, oft jedoch nicht so elegant oder einfach sind und – schon alleine ob der fehlenden Werbung dafür selten „sexy" erscheinen. Als Grundregel kann gelten: Wenn es einfach, bequem, praktisch, hübsch und vielleicht noch günstig oder sogar kostenlos ist, muss es dringend hinterfragt werden. Und erst, wenn ich verstanden habe, welche Daten es wo und wie verarbeitet und wie der Anbieter daraus sein Geschäftsmodell finanziert, dann kann ich in Erwägung ziehen, das Produkt zu nutzen. Je

weniger ich verstehe, desto leichter werde ich ausgebeutet und abhängiger. Also interessieren Sie sich für die Technik und die Informationen hinter den Apps und Diensten, tauschen Sie sich darüber mit anderen Menschen aus und experimentieren Sie. Es gibt keine App, die Ihnen das anstrengende Denken abnehmen kann – zumindest nicht, solange Sie noch frei bleiben wollen.

15

Digital Finance

Vor nicht allzu langer Zeit da war die Welt der Finanzen ziemlich einfach. Es gab Geld und dieses Geld wurde in relativ engen Bahnen um die Welt bewegt, meistens physisch mittels Banknoten und Münzen, zunehmend jedoch als Buchgeld mittels Buchungen über Bankkonten.

Durch die Digitalisierung wurde dieses System aufgesprengt. Das begann mit dem Aufkommen von neuen Arten der Zahlung. Das Finanzunternehmen PayPal beispielsweise ermöglichte das Versenden von Geld ohne Bankkonto mittels E-Mail-Adresse. Das Unternehmen Venmo, jetzt eine Tochter von PayPal, funktionierte als eine Art elektronische Geldbörse, welche das Versenden von Geld von einer Person zu einer anderen kostenfrei ermöglichte.[1]

---

[1]Der Dienst ist derzeit nur in den USA nutzbar.

© Springer Fachmedien Wiesbaden GmbH, ein Teil von Springer Nature 2021
C. Lexa, *Fit für die digitale Zukunft*, Fit for Future,
https://doi.org/10.1007/978-3-658-33073-6_15

Kryptowährungen, wie beispielsweise Bitcoin, stellten eine Möglichkeit der Geldschöpfung dar, die sich der Einflussnahme und Kontrolle von Staaten und Notenbanken entzog. Dadurch können sich negative Folgen für die Geldpolitik sowie, durch die Vergrößerung der Geld- gegenüber der Warenmenge, verstärkte Inflationstendenzen ergeben.

Und schließlich wurden durch neue Methoden der Zahlung wie „Mobile Payment" mittels Apps auf Smartphones, Tablets oder Smart Watches Zahlungen komfortabler und leichter möglich.

Diese Entwicklungen haben dazu geführt, dass ganze Branchen von zum Teil gravierenden Veränderungen erfasst wurden. Viele Banken waren beispielsweise nicht in der Lage, sich den veränderten Nutzungsverhalten der Kunden anzupassen. So wird es für Kunden immer wichtiger, dass Zahlungen mittels Auflegen von Kredit- oder EC-Karten möglich ist oder dass ihre Bank Apple Pay oder Google Pay unterstützt.

Darüber hinaus haben neue Finanzunternehmen verstanden, dass Software Kunden helfen kann, Geld auf einem Konto anders zu verwalten als bisher.

Beispiel

So bietet das Berliner Unternehmen Kontist an, eingehendes Geld automatisch auf virtuelle Unterkonten aufzuteilen, damit beispielsweise Steuerzahlungen abgewickelt oder Sparraten für die Altersvorsorge verwaltet werden. Das Bankkonto wird so nicht mehr nur als eine Art Geldspeicher verwendet, sondern übernimmt darüber hinausgehende Funktionen.

Die Bank der Zukunft wird nun nicht mehr verbunden werden mit dem Banker, der an seinem Schreibtisch über

die Vergabe von Krediten entscheidet bzw. mit dem Geld-
haus, welches ein Konto und Zahlkarten zur Verfügung
stellt. Vielmehr wird es um die möglichst komfortable
Möglichkeit der Ausstattung mit Geld gehen, sei es mittels
Zahlungsverkehr über unterschiedliche Anbieter und
Plattformen hinweg, sei es über die persönliche Nutzung
von Geld über intelligente Systeme, die beim Umgang
mit Geld helfen. Ergänzend wird dem Kunden mithilfe
von künstlicher Intelligenz, Analyse von Daten und die
Vernetzung von Finanzdienstleistungen und anderen
Services, auch über das eigene Angebot hinaus, ein Service
zu bieten sein, der sich an dessen individuellen Wünschen
im Umgang mit Geld orientiert und nicht wie bisher dem
Kunden vorgeschrieben werden, was dieser zu nutzen
habe, weil er keine anderen Möglichkeiten hat.

Und noch etwas muss an dieser Stelle erwähnt werden:
Es geht im Bereich Digital Finance nicht nur um das
Bewegen und den Umgang mit Geld, sondern auch
um das Generieren. Denn die Digitalisierung macht es
beispielsweise über Plattformen möglich, dass Unternehmen und Privatpersonen, die Geld benötigen,
dieses unabhängig von Banken zur Verfügung gestellt
bekommen. Dabei wird die sog. „Crowd", also eine Vielzahl von Personen, ersucht, bei der Beschaffung der
erforderlichen Geldsumme zu helfen.[2]

---

[2]Dies erfolgt üblicherweise im Rahmen von gegenleistungsbasiertem oder
spendenbasiertem Crowdfunding oder in der Form des Crowdinvestings, bei
dem in ein Unternehmen direkt investiert wird: https://www.companisto.com/
de/academy/investieren-bei-companisto/crowdinvesting-vs-crowdfunding-wo-
liegt-der-unterschied.

→ Ausblick

Banken werden die Herrschaft über die Abwicklung von Geldtransaktionen verlieren. Und Staaten müssen sich überlegen, wie sie mit „Währungen" neben ihren eigenen umgehen wollen. Dies wird jedoch zu Fragen der Sicherheit und des Vertrauens führen, nicht nur im Hinblick auf die Existenz von Währungen, Beträgen und finanziellen Transaktionen.

16

Blockchain

Woran denken Sie, wenn Sie das Wort „Blockchain"
hören? Sicherlich an die Kryptowährung „Bitcoin", die
in den letzten Monaten immer wieder in öffentlichen
Diskussionen aufgetaucht ist. Dabei fokussiert sich die
Öffentlichkeit leider meistens nur auf den Währungs-
aspekt in Bezug auf Blockchain, also auf digitale
Währungen, die mittels besonderen Verschlüsselungs-
technologien künstlich geschaffen werden. Wird über
Blockchain gesprochen, dann geht es jedoch um viel mehr.

Blockchain bedeutet im Grunde die Verkettung von
bestimmten Datensätzen mittels Verschlüsselungstechno-
logien. Es handelt sich um ein technisches System, welches
widerstandsfähig gegenüber Manipulation ist. Einzelne
Datensätze werden aneinandergehängt und die Datensätze und die Verbindungen dokumentiert. Man kann so
die Kette der Datensätze, und damit deren Authentizität,
unmanipuliert überprüfen.

© Springer Fachmedien Wiesbaden GmbH, ein Teil von Springer
Nature 2021
C. Lexa, *Fit für die digitale Zukunft*, Fit for Future,
https://doi.org/10.1007/978-3-658-33073-6_16

Wenn Sie dies verstanden haben, dann wird Ihnen schnell klar, warum Blockchain für Währungen so spannend ist. Denn die Frage bei einer digitalen Währung in einem digitalen Geldbeutel ist ja immer, ob die Geldsumme, also der Inhalt des digitalen Geldbeutels nicht manipuliert worden ist.

Beispiel

Stellen Sie sich beispielsweise vor, dass Sie ein digitales Konto haben, auf dem sich 1000 € befinden. Eine Sekunde später sind es 10.000 €. Liegt die Erhöhung nun an einer Überweisung, mit der Sie Geld erhalten haben (nämlich weitere 9000 €)? Oder wurde Ihr Konto (von Ihnen oder einem Dritten) digital manipuliert, dass dem bislang vorhandenen Betrag einfach eine Null an der „richtigen Stelle" hinzugefügt wurde?

Kryptowährungen, die auf der Blockchain-Technologie basieren, gelten aufgrund der Verschlüsselung und der Nachprüfbarkeit als hochgradig sicher. Was nun aber für Währungen gilt, gilt natürlich auch für andere Arten von Datensätzen, bei denen sicher sein muss, dass die Daten nicht manipuliert worden und für alle nachvollziehbar sind.

Beispiel

Denken Sie beispielsweise an die Unterzeichnung von digitalen Dokumenten, die für das Handelsregister oder das Grundbuch bestimmt sind. Bei diesen Daten sollten sich die Beteiligten darauf verlassen können, dass sie nicht ohne Einverständnis aller beteiligten Parteien verändert werden. Und wenn es eine Veränderung gibt, dann sollte diese für alle nachvollziehbar sein, sodass die Veränderung und derjenige, der die Veränderung durchgeführt hat, erkennbar sind. Wäre dies nämlich anders, dann könnte man den Informationen in diesen Registern nicht mehr vertrauen.

Aber auch für andere Bereiche des Lebens bietet die Blockchain-Technologie besondere Vorteile, die sich aus der Nachvollziehbarkeit und der Sicherheit der Datensätze ergeben.

Beispiel 1

Im Hinblick auf Lebensmittel könnte die gesamte Lieferkette von der Ernte bis zum Einzelhändler nachvollzogen werden.

Beispiel 2

Im Hinblick auf den Corona-Impfstoff ist es wichtig, dass die gesamten Herstellungs-, Liefer- und Kühlketten nachvollziehbar und ununterbrochen sind. Die Blockchain-Technologie kann dies gewährleisten und so dafür sorgen, dass Unterbrechungen der Kühlkette oder Impfstoff-Fälschungen erkennbar werden.

Darüber hinaus hat die Nachvollziehbarkeit einen weiteren Vorteil, nämlich bei der Vergabe von Buchführungs- und Leserechte. Ein Blockchain-Register ist grundsätzlich für alle Teilnehmer zugänglich. Die Zugriffsrechte können jedoch abgestuft vergeben werden, beispielsweise über ein Leserecht für Verbraucher, die so eine gesamte Dokumenten- oder Lieferkette nachvollziehen können oder bestimmte Zugriffs- und Eintragungsrechte für weitere Teilnehmerklassen, sodass das Ausnutzen von Wissen durch gleichzeitig teilnehmende Wettbewerber verhindert wird.

Ausblick

Blockchain-Technologie wird immer dann eine gewichtige Rolle spielen, wenn es um die Sicherheit und Nachvollziehbarkeit von Daten(sätzen) geht. Dies wird die Verlagerung von Dokumentationen in den digitalen Raum ermöglichen.

17

Gamification

Gamification ist die Übertragung von spieltypischen Elementen und Vorgängen in spielfremde Zusammenhänge mit dem Ziel der Verhaltensänderung und Motivationssteigerung bei Anwenderinnen und Anwendern. Zu den Gamification-Elementen gehören Beschreibungen (Ziele, Beteiligte, Regeln, Möglichkeiten), Punkte, Preise und Vergleiche.[1] Im Rahmen der Digitalisierung werden immer mehr Anwendungen wie Apps mit Gamification-Elementen verbunden.[2]

---

[1]Vgl. Gabler Wirtschaftslexikon: https://wirtschaftslexikon.gabler.de/definition/gamification-53874.

[2]Dabei können die Anwendungen aus allen erdenklichen Bereichen kommen: https://de.slideshare.net/mozza_io/mobile-gamification-how-the-best-apps-nailed-it-waze-duolingo-tinder-snapchat-linkedin-zenly.

© Springer Fachmedien Wiesbaden GmbH, ein Teil von Springer Nature 2021
C. Lexa, *Fit für die digitale Zukunft,* Fit for Future,
https://doi.org/10.1007/978-3-658-33073-6_17

Beispiel 1

Insbesondere im Fitnessbereich sorgen Gamifikation-Elemente für zusätzliche Motivation. So verwendet zum Beispiel das Unternehmen Freeletics Ranglisten und Bestätigungen aus der Community, um so Nutzer zu noch mehr Leistung anzuspornen. Darüber hinaus sehen Nutzer die Profile anderer Nutzer und können sich so miteinander vergleichen.

Beispiel 2

Duolingo, der Online-Dienst zum Erlernen von Sprachen, verwendet Erfahrungspunkte, die ein Nutzer erhält, wenn er Übungen absolviert. Durch das Sammeln werden weitere Übungen freigeschaltet. Darüber hinaus gibt es Ligen, in denen Nutzer gegeneinander antreten und im Laufe der Zeit in höhere Ligen aufsteigen können.

Beispiel 3

Und sogar LinkedIn verwendet Gamifikation-Elemente. So wird mittels einer Anzeige dargestellt, wie gut und umfassend das eigene Profil ausgefüllt ist. Nutzer werden so angespornt, das eigene Profil möglichst umfassend zu erstellen und zu pflegen.

Die Digitalisierung hat erst die Nutzung von Gamification-Elementen im großen Stil möglich gemacht. Denn die Nutzung der Community und das Zurverfügungstellen von Anreizen einer großen Nutzerzahl als Motivator waren überhaupt erst möglich durch die Verwendung und Analyse von großen Datenmengen sowie durch die Vernetzung von Menschen im Rahmen einer Anwendung.

Gamification-Elemente werden zukünftig verstärkt eingesetzt werden. Denn die immer größeren Daten, die von immer mehr Nutzern erzeugt werden, erlauben einen immer feiner ausdifferenzierten Einsatz dieser Elemente, was wiederum immer feiner gesteuerte Motivations-mechanismen erlaubt. Diese können dabei von ideellen Anreizen wie Online-Sticker oder verbale Belobigungen bis hin zu dem Erwerben von Produkten oder realem Geld reichen.

Beispiel

Das 1999 gegründete Online-Bewertungsportal ciao.de vergab in der Anfangszeit für jede erstellte Bewertung Punkte. Diese Punkte konnten dann in Produkte ein-getauscht werden, die man dann wiederum über andere Plattformen wie ebay verkaufen konnte. Das Portal wurde schließlich 2018 vom Netz genommen.

Ein besonderer Bereich der Anwendung von Gamification-Elementen wird der Arbeitsbereich sein, indem bei-spielsweise Markenkerne eines Unternehmens vermittelt oder Fortbildungen durchgeführt werden müssen. Die Motivation dabei hochzuhalten, ist die große Heraus-forderung. Gamification kann hierbei helfen, denn letzt-endlich geht es dabei darum, Nutzer und Akteure aktiv einzubinden, anstatt sie passiv konsumieren zu lassen.

→ Ausblick

In einer Welt, die immer komplexer wird, bieten Gamifikation-Ansätze die Möglichkeit, Wissen und deren Anwendung und Nutzung begreifbar zu machen. Darüber hinaus ergeben sich neue Anwendungen im Hinblick auf die Motivation und Lenkung von Nutzern, was aber auch mit Gefahren des Missbrauchs verbunden ist.

18

Social Media

Social Media ist sicherlich einer derjenigen Bereiche, der am ehesten mit der Digitalisierung verbunden wird. Ermöglichten doch gerade die Vernetzung von Menschen untereinander mittels digitaler Plattformen wie Facebook, Twitter, Instagram, Pinterest oder Snapchat, dass man am Leben seiner Kontakte sozusagen teilhaben konnte.

Im Laufe der Zeit jedoch traten auch die negativen Aspekte der sozialen Medien hervor. So stellte sich aufgrund der Vielzahl der Beiträge, die von Nutzern in den sozialen Medien erstellt wurden, die Frage der Auswahl – welche Beiträge wurden anhand von welchen Kriterien einem Nutzer zu sehen gegeben und welche nicht?

Sodann kam die Frage der Monetarisierung auf. Die Betreiber der Social Media-Plattformen wollten, und das kann man ihnen erst einmal nicht verdenken, mit ihren Plattformen Geld verdienen. Wie jedoch sollte dies bewerkstelligt werden – sollten Nutzer für die Nutzung bezahlen oder sollte die Möglichkeit des Schaltens

© Springer Fachmedien Wiesbaden GmbH, ein Teil von Springer Nature 2021
C. Lexa, *Fit für die digitale Zukunft*, Fit for Future,
https://doi.org/10.1007/978-3-658-33073-6_18

von Werbebeiträgen geschaffen werden und die Vergütung nach erreichten Nutzern oder nach Klicks auf die Werbung erfolgen?

Und dann kam es noch zum Phänomen der „Blasenbildung" bzw. der „Filterblasen". Filterblasen entstehen durch den Versuch, News-Feeds oder Suchergebnisse zu personalisieren. Ein Algorithmus bestimmt, welche Inhalte in einem Newsfeed angezeigt werden. Je nach Programmierung wird der Algorithmus Prioritäten auf Inhalte von Freunden setzen, mit denen man oft in Kontakt steht, oder auf Inhalte, die man häufig geliked oder kommentiert hat. Der Algorithmus kann aber auch anders herum funktionieren, indem er Inhalte, die häufig ignoriert werden, gar nicht mehr anzeigt. Im Ergebnis werden durch den Algorithmus ausgewählte Themen angezeigt, die potenziell gefallen können und zuvor registrierte Interessen bestätigen oder ihnen ähneln. Ein so geschaffener einseitiger Newsfeed kann neben einem verzerrten Meinungsüberblick auch Einfluss auf die Meinung der Nutzer selbst haben. Durch eine einseitige Berichterstattung wird die eigene Weltansicht verstärkt, andere Ansichten dabei ignoriert. Dadurch fehlt die Möglichkeit der umfassenden Reflexion eines Themas und es besteht die Gefahr der Anpassung an eine ständig dargestellte Meinung.

Da Social Media inzwischen für viele Menschen ein integraler Bestandteil ihres Lebens ist, wird man sich zukünftig mit den negativen Aspekten auseinandersetzen müssen.

Auf der anderen Seite wird es Unternehmen durch Social Media ermöglicht, ihre eigene Geschäftsentwicklung nachhaltig zu verbessern. Durch das Sammeln und Auswerten von beispielsweise Kundendaten, -meinungen und -empfehlungen in den sozialen Medien können Unternehmen in einen Dialog mit ihren Kunden

treten und gezielter auf deren Bedürfnisse eingehen.
Kunden können so mit ihren Ideen und Wünschen zur
Weiterentwicklung von Produkten und Marken aktiv
beitragen und bestimmen durch ihre Bewertungen
deren Bild in der Öffentlichkeit. Zudem stärkt die
regelmäßige Information über Produkte oder Branchen-
trends die Kundenbindung und schafft so loyale und
engagierende Kundengruppen. Weiter können Firmen
durch soziale Medien Innovationen effektiver voran-
treiben und Geschäftsprozesse verbessern. Mit ihnen
lassen sich innovative Ideen und Ansätze im Unternehmen
gemeinsam entwickeln und informell über Hierarchie-
grenzen hinweg austauschen. Dadurch entstehen neue
Schnittstellen zwischen verschiedenen Fachbereichen und
typische Silostrukturen werden überwunden. Schließlich
ergeben sich durch die Möglichkeiten der sozialen Medien
neue Möglichkeiten für das Marketing und den Vertrieb.[1]

→ **Ausblick**

Die Konzentration einer Vielzahl von Nutzern auf
bestimmte Plattformen zur sozialen Interaktion ermöglicht
völlig neue Arten der Präsentation des eigenen Angebots
sowie das Erreichen von neuen Nutzerschichten. Gleichzeitig führt jedoch die Filterblase zur Konzentration auf
bestimmte Vorlieben bzw. Meinungen, wird so zur Gefahr
für Diversifikation und kann schließlich zur Manipulationen
von Meinungen und Ansichten genutzt werden.

---

[1]Beispielhaft sei hier das sog. „Influencer-Marketing" genannt, bei dem Unternehmen gezielt Meinungsmacher und damit Personen mit Ansehen, Einfluss
und Reichweite in ihre Markenkommunikation einbinden. Deren Einfluss und
Reichweite wiederum konnte in dem Umfang, wie man es momentan erleben
kann, nur durch die Digitalisierung entstehen.

19

Zusammenfassung

Wie sich aus einer Gesamtschau dieser Themen ergibt, werden sich Veränderungen in allen Lebensbereichen ergeben. Das macht aber auch Sinn. Denn die Möglichkeiten, die sich aus den technischen Entwicklungen ergeben, insbesondere in so grundlegenden Bereichen wie der Kommunikation (Social Media), Transport und Mobilität oder Geldströmen (Finance), erlauben Veränderungen nicht nur an der Oberfläche, sondern verändern die Art, wie Dinge gedacht und umgesetzt werden. Computer werden immer stärker und dabei wird die Rechenleistung in immer kleinere Geräte verbaut, sodass sich daraus schon Anwendungen im Bereich der Sensorik oder persönlicher Assistenten wie Handys ergeben, an die man vielleicht sogar schon vor Jahren im Bereich der „Science Fiction" gedacht hat, aber schlichtweg nicht umsetzen konnte.

Wenn aber sich unser Leben radikal um vollständig verändern wird, dann stellt sich automatisch die Frage,

© Springer Fachmedien Wiesbaden GmbH, ein Teil von Springer Nature 2021
C. Lexa, *Fit für die digitale Zukunft,* Fit for Future,
https://doi.org/10.1007/978-3-658-33073-6_19

ob dann unsere bisherige Art zu denken und die Fähigkeiten, die bislang „en vouge" und nützlich waren, noch
ausreichen. Ich denke, dass dies nicht der Fall ist. Insbesondere die bisherige Weise, Herausforderungen linear
anzugehen und diesen einer abschließenden Lösung
zuzuführen, ist nicht mehr ausreichend. Ich bin der
Meinung, dass wir neue Fähigkeiten entwickelt bzw. bisherige Fähigkeiten weiterentwickeln müssen, wenn wir die
Digitalisierung für uns nutzen wollen.

Im folgenden Kapitel möchte ich Ihnen deshalb aufzeigen, welche Fähigkeiten aus meiner Sicht zukünftig
gebraucht werden, worauf dies basiert und welche Folgen
sich daraus ergeben.

Teil III

Fähigkeiten für Revolutionäre

„Erfolg besteht darin, dass man genau die Fähigkeiten hat, die im Moment gefragt sind."
Henry Ford

20

Einleitung

Nachdem nun klar ist, welche Bereiche unseres Lebens sich in den nächsten Jahren massiv ändern werden, stellt sich die Frage, welche Fähigkeiten Sie benötigen, um die Potenziale dieser Veränderungen für sich zu nutzen. Nachfolgend möchte ich Ihnen diejenigen Fähigkeiten vorstellen, von denen ich glaube, dass sie Ihnen am meisten Erfolg bringen werden. Dabei muss ich an dieser Stelle darauf hinweisen, dass natürlich über die einzelnen Ausprägungen und die Details dieser Fähigkeiten und vielleicht sogar über die einzelnen Fähigkeiten selbst wunderbar gestritten werden kann. Aus diesem Grund hat sich mir schon vor Jahren eine Frage gestellt: Wenn man aus einer Art „Vogelperspektive" die Fähigkeiten, die Erfolg versprechend sind, betrachtet, in welche Bereiche kann man diese Fähigkeiten dann einordnen? Damit man dies machen kann habe ich die im vorherigen Kapitel dargestellten Trends herangezogen und analysiert, was diese gemeinsam haben. Dabei kam es mir nicht auf jedes kleine

© Springer Fachmedien Wiesbaden GmbH, ein Teil von Springer Nature 2021
C. Lexa, *Fit für die digitale Zukunft*, Fit for Future,
https://doi.org/10.1007/978-3-658-33073-6_20

Detail an, sondern ich wollte das „große Bild" verstehen. Im Rahmen der Analyse nun kam ich auf 3 Bereiche, aus denen die Fähigkeiten stammen sollten, die in der Zukunft helfen werden, die Potenziale der Digitalisierung zu nutzen.

20.1 Internationalisierung

Zuerst sollte man sich vor Augen führen, dass zukünftig eine internationale Herangehensweise im Hinblick auf die Herausforderungen, als auch im Hinblick auf die Potenziale der kommenden Veränderungen am erfolgversprechendsten sein wird. Dabei sollte man sich von aktuellen nationalen Bestrebungen nicht irritieren lassen. Viele Herausforderungen der Digitalisierung werden sich nur im internationalen Kontext entwickeln und meistern lassen, seien dies Handel, Informationsaustausch, Kommunikation, Datenschutz oder Bezahlsysteme. Und genauso, wie die Herausforderungen im internationalen Kontext gelöst werden, so werden auch die Chancen digital zu betrachten sein.

Dabei sind meiner Ansicht nach 2 Ebenen zu unterscheiden. Zum einen sind in den eigenen Unternehmungen internationale Überlegungen einzubeziehen.

> Wer zukünftig beispielsweise ein Unternehmen im Einzelhandel starten will, der darf nicht nur seine Kunden in seiner Stadt oder seinem eigenen Land suchen bzw. erwarten. Er muss vielmehr gleich davon ausgehen, dass die Kunden international sind. Deshalb sind beispielsweise die Versandoptionen, die Sprache, mit der man sich an potenzielle Kunden richtet und die Kundengewohnheiten mit einer „internationalen Brille" zu betrachten und entsprechend aufzusetzen.

Das jedoch reicht nicht. Zum anderen sollten Veränderungen aufgrund der Digitalisierung international betrachtet werden. Wer derzeit beispielsweise denkt, dass die fortschrittlichsten technologischen Entwicklungen aus dem eigenen Land kommen, der übersieht Entwicklungen in anderen Ländern, die möglicherweise viel weiter vorangeschritten sind.

Beispiel 1

Zu denken wäre an Online-Gründungen von Unternehmen. Wer hier nur auf Deutschland schaut, der könnte den Eindruck bekommen, dass eine Online-Gründung von Unternehmen nicht möglich ist bzw. dass immer ein formaler Akt, beispielsweise eine notarielle Beurkundung, benötigt wird. Ein Blick nach Estland jedoch erweitert den eigenen Blickwinkel, denn dort ist die Gründung einer mit einer deutschen GmbH vergleichbaren Gesellschaft ohne Probleme online möglich.[1]

Beispiel 2

Die Nutzung von 3D-Panels ist ein weiteres gutes Beispiel. Wer einmal gesehen hat, was auf einer Einkaufs-Mall in Chengdu in China in 3D dargestellt wird, der versteht, dass nicht die USA in dieser Hinsicht führend sind.[2].

---

[1]Vgl. https://e-resident.gov.ee/start-a-company.

[2]Vgl. https://www.reddit.com/r/nextfuckinglevel/comments/j3sdv9/this_3d_panel_on_the_facade_of_a_mall_in_chengdu

> **Beispiel 3**
>
> Als letztes Beispiel wäre Mobile Payment, also die Möglichkeit mit einem Handy oder einer Smart Watch zu bezahlen, zu nennen. Blickt man alleine auf Deutschland, dann könnte man zu dem Ergebnis kommen, dass Mobile Payment keine große Rolle spielt. Dabei hatte in Kenia das Bezahlsystem M-PESA schon 2008, ca. ein Jahr nach seinem Start, rund 1,6 Mio. Nutzer, was ca. 5 % der kenianischen Bevölkerung entsprach. Zum Vergleich: In China nutzten 2019 rund 500 Mio. Mobile Payment und in den USA ca. 30 Mio. In Deutschland gab es dagegen rund 2,1 Mio. Nutzer, weniger als in Spanien und Italien.[3]

Wenn Sie sich also mit den Fähigkeiten beschäftigen, die zukünftig benötigt werden, um die Potenziale der Digitalisierung zu heben, so versuchen Sie einen internationalen Blickwinkel zu entwickeln.

Interview mit Gunther Wobser

Gunther Wobser ist geschäftsführender Gesellschafter der Lauda Dr. R. Wobser GmbH & Co. KG und Investor in Start-ups. Zusammen mit seiner Familie zog er 2017 für ein Jahr ins Silicon Valley in Kalifornien, um sich dort Inspirationen für sein eigenes Unternehmen zu holen.

Welche Rolle spielen Innovationen im Hinblick auf die Digitalisierung?
Innovation gibt es natürlich nicht nur bei Digitalem, aber dort sind sie besonders spannend. So können Minimum Viable Products, also verkaufsfähige, auf absolut notwendige Funktionen beschränkte Prototypen, besonders leicht gebaut werden. Schließlich sind die variablen Kosten gleich Null und die weltweite Distribution besonders einfach. Gerade digitale Innovationen haben das Zeug für

---

[3]Vgl. https://de.statista.com/infografik/13490/prognose-zur-nutzung-von-mobile-payments-am-pos.

Plattformen, oftmals ohne überhaupt etwas selbst zu besitzen oder gar herzustellen.

Welche Fähigkeiten werden zukünftig wichtig sein, wenn es um die Entwicklung von Innovationen geht?
Der Fokus wandelt sich von der Technologie zum Anwender. Standardisierte Fragebögen mit Skalen kann jeder. Nur die Durchschnitte sagen nicht das aus, was man sich erhofft. Digitale Lösungen erlauben neue Befragungsformate. Wofür früher komplette Supermärkte aufgebaut oder die Fernseher einer Stadt manipuliert werden mussten, kann jetzt mit einer flink gebauten Webseite mit Einkaufsfunktion selbst ohne großen Aufwand getestet werden. Klicken auf „Kaufen" und Eingabe der Kreditkartendaten sind die härteste Währung, auch wenn später bewusst eine Abbruchfunktion eingebaut ist. Denn das Produkt existiert ja noch gar nicht. Noch anspruchsvoller ist das Aufspüren von unbewussten, latenten Bedürfnissen ohne konkrete Produktvorstellung. Digitale Formen der Design-Thinking-Methode können wertvolle Erkenntnisse liefern, um schließlich völlig neue Angebote zu bauen.

Viele Menschen haben Schwierigkeiten mit Veränderungen, insbesondere mit solchen basierend auf Innovationen. Wie gelingt der Umgang mit Innovationen besser?
Viel Kommunikation garniert mit ersten Erfolgen, von denen man in der Kantine spricht. In meinem mittelständischen Familienunternehmen rede ich seit vielen Jahren davon, dass Innovationen die Gewinne der Zukunft sichern. Dieser Zusammenhang muss klar werden. Dabei müssen auch die aktuellen Gewinne stimmen, denn sie finanzieren das Ganze. Die Balance zwischen Zukunft und Gegenwart ist extrem wichtig. Ebenso verdeutliche ich gerne die Beidhändigkeit des unternehmerischen Handelns, die Ambidextrie. Nicht nur zeitlich, auch inhaltlich ist die richtige Balance entscheidend. Das Kerngeschäft muss gestärkt werden. Das erfordert eine große Kraft. Aber das reicht nicht. Außerhalb des Kerngeschäfts lauern Potenziale für große Innovationsschritte und völlig neue Märkte, aber leider auch Gefahren, wie selbstbewusste Start-ups, die mit ihrer neuartigen Technologie oder ihrem innovativen Geschäftsmodell etablierte Unternehmen zerstören wollen.

Wie siehst du Deutschland im Hinblick auf die Möglichkeiten, Innovationen zu entwickeln, aufgestellt?
Zehn satte Jahre haben auch die Bevölkerung satt gemacht. Fette Gewinne haben viele Unternehmen von Innovationen abhalten, z. B. die Automobilindustrie. Sie und ihre abhängigen Zulieferer müssen jetzt gehörig Federn lassen, um sich dann schließlich neu zu erfinden. Mehr und mehr schießt Infrastruktur aus dem Boden, an Hochschulen, Co-Working- und Maker-Spaces und Inkubatoren/Acceleratoren. Der Staat unterstützt am Anfang ganz ordentlich, danach wird es bekanntlich dünn. Durch intelligente staatliche Förderung könnte ein riesiger Markt an Business Angels erschlossen werden. Diese geben nicht nur Geld, sondern helfen mit Rat, Tat und Connections. In den Wachstumsphasen fehlt ebenso Kapital. Warum dürfen z. B. Rentenversicherungen in Deutschland nicht in Start-ups oder entsprechende Fonds investieren? So bekämen sie ordentliche Renditen und würden für unser aller Zukunft Gutes tun. Doch das Wichtigste ist das Mindset, die Einstellung zu Innovation. Es ist nicht nur der fehlende Hunger, der jetzt vielleicht in leichten Appetit umschlagen könnte. Wir Deutschen sind zu ängstlich, nutzen fleißig Google, wollen aber Informationen am liebsten ganz für uns behalten. Überbordende Gesetze blockieren die drei Goldminen der Zukunft: Daten, Daten und Daten. Intelligent geschützt, könnten wir uns mit einem vertrauenswürdigen, deutschen Weg international positionieren. Die aktuellen Gesetze verhindern das.

Was können wir mit Blick auf das Ausland lernen, wenn es um Digitalisierung und Innovationen geht?
Im Silicon Valley gibt es das Wort Digitalisierung, geschweige denn digitale Transformation gar nicht. Dort ist alles per se digital. Noch extremer ist es in China. Von Anfang an gleich digital zu denken, fällt vielen in unserer maschinell geprägten Industriekultur schwer. Nicht nur das. Auch die potenziellen Anwender müssen sich begeistern lassen. Ich erwähne nur den deutschen Hang zum Barzahlen. Innovationen entstehen in anderen Ländern schneller. Nicht ganz offensichtlich ist die für Innovation wichtige Rolle des Militärs, z. B. durch die Innovationsbehörde Darpa in den USA und den

obligatorischen Militärdienst in Israel. Das ist in Deutschland so nicht kopierbar. Da wird auch keine Agentur für Sprunginnovationen mit wenigen Handvoll Mitarbeitern irgendetwas ändern. Aber der Staat könnte gezielt Innovationen fördern, die von der deutschen Industrie nachgefragt werden. Diese direkte Verbindung fehlt noch. So könnten die Fraunhofer- und Helmholtz-Institute zielgerichtet aufgestellt werden. Dafür müssen kluge Lösungen her, sicher mehr qualifiziertes Personal, aber auch softwaregesteuertes Matchmaking.

20.2 Online

Weiter sollten die erforderlichen Fähigkeiten „online anwendbar" sein. Damit ist gemeint, dass sie im Rahmen einer Online-Umgebung funktionieren, also zur Anwendung kommen müssen.

In vielen Bereichen unseres Lebens denken wir in Deutschland immer noch viel zu „analog". Wenn wir vom Bücherlesen sprechen, dann denken wir automatisch an ein gedrucktes Buch. Wenn wir an ein Auto denken, dann geht es völlig selbstverständlich um ein Auto mit Verbrennungsmotor und wenn wir über Kommunikation reden, dann sind Video-Calls nur ein Notbehelf – am liebsten reden wir von Angesicht zu Angesicht.

Jedoch wird es in der Zukunft immer weniger darauf ankommen, ob es noch ein physisches Erlebnis gibt. Insoweit möchte ich nicht missverstanden werden – natürlich sind physische Produkte spannend und liefern ein sensorisches Erlebnis, welches (zurzeit) digital noch nicht abgebildet werden kann. Denkt man jedoch 10 Jahre in die Zukunft, dann stellt sich die Frage, ob es wirklich noch beispielsweise Meetings von Personen geben wird, wenn diese doch auch über Video-Calls kommunizieren können. Und im Rahmen der Corona-Krise wurde deutlich, dass das Arbeiten im Homeoffice einfacher realisiert werden kann, als es immer gedacht wurde.

Wenn Sie sich also für die Zukunft aufstellen möchten, dann beginnen Sie, sich Situationen so vorzustellen, als könnten Sie diese online abbilden.

> Denken Sie an einen Museumsbesuch, den Sie aber nicht in Paris oder London absolvieren, sondern mittels einer 3D-Brille in einem virtuellen Museum. Etwas Ähnliches gilt für die Reparatur eines Gegenstandes, für die Sie die relevanten Informationen über ein Augmented-Reality-Tool angezeigt bekommen. Und eine Operation führen Sie nicht mehr direkt am Patienten durch, sondern verwenden einen Operationsroboter, den Sie von einem separaten Zimmer aus direkt am Patienten steuern.

20.3 Vernetzung

Als Letztes sollten Sie beginnen, Fähigkeiten dahin gehend zu betrachten, ob diese im Hinblick auf die kommende allumfassende Vernetzung sinnvoll und nützlich sind.

Dabei sollten Sie zum einen berücksichtigen, dass alle Geräte, die uns zukünftig das Leben erleichtern bzw. die wir überhaupt zum Leben brauchen, miteinander verbunden und damit vernetzt sein werden. Zum anderen werden wir mit einer Vielzahl von Menschen verbunden bzw. vernetzt sein, was zu einer verstärkten Kommunikation führt – weit über den typischen Freundeskreis von einigen wenigen Personen heraus.

Aus dieser allumfassenden Vernetzung ergeben sich neue Herausforderungen. So werden Zugriffe auf Geräte, Dienste und Menschen viel schneller möglich als früher. Durch den schnelleren Zugriff besteht jedoch die Gefahr, dass Informationen nicht mehr gründlich genug gesichtet, durchdacht und beantwortet werden. Daten die einen selbst betreffen, insbesondere persönliche Daten, werden so unter Umständen leichtfertiger preisgegeben. Und auch im Hinblick auf Kommunikation ergeben sich neue Herausforderungen. Denn aufgrund der Vernetzung stellt sich die Frage, mit wem eigentlich kommuniziert wird: nur mit dem jeweiligen „Gegenüber" oder mit Personen bzw. Maschinen hinter der- oder demjenigen, die oder den man vor sich zu haben glaubt. Und schließlich bleibt noch das Problem der blitzschnellen Verbreitung von Informationen und Daten, was durch die Vernetzung viel leichter möglich ist, als wenn es im Rahmen einer Verbreitung diverse Hürden zu überwinden gibt.

Denken Sie dabei nur an die Verbreitung von Informationen mittels einer Zeitung vor einigen Jahren. Diese Zeitung musste gesetzt, gedruckt, verbreitet und gelesen werden. Die in der Zeitung enthaltenen Informationen wurden dann normalerweise mündlich weitergegeben, vielleicht wurden Inhalte der Zeitung fotokopiert. Wenn derzeit eine Information über ein Posting in einem Social Media-Kanal mitgeteilt wird, dann kann diese Information ohne Mühe nicht nur in diesem Ausgangskanal innerhalb von Sekunden weiterverbreitet werden, sondern die Verbreitung kann über andere Kanäle erfolgen. Aber nicht nur das: Es kann gar nicht abgesehen werden, wer diese Informationen nun erhält. Und noch ein Punkt ist wichtig: Da die Ausgangsinformation ohne großen Aufwand verändert bzw. interpretiert werden kann, ist gar nicht klar, welcher Teil der ursprünglichen Information überhaupt noch beim Empfänger ankommt.

Diese 3 Bereiche stellen in meinen Augen eine Art Klammer dar, die die einzelnen Fähigkeiten umfassen. Abschließend will ich nun noch diese einzelnen Fähigkeiten beschreiben, die meiner Ansicht nach wesentlich sind, um mit der Digitalisierung und den damit verbundenen Veränderungen Erfolg zu haben.

21

Neugier, Flexibilität, Mobilität

Ganz wichtig meiner Ansicht nach ist in Bezug auf die notwendigen Fähigkeiten ein entsprechendes „Mindset", also eine Art geistige Haltung, mit der auf die Veränderungen aufgrund der Digitalisierung geblickt wird.

Ich glaube, dass dieses Mindset, welches als Grundlage dazu dient, wie auf die digitale Zukunft geblickt wird, aus drei Elementen bestehen muss: Neugier, Flexibilität und Mobilität.[1]

Neugier bedeutet, dass ein Grundinteresse an neuen Dingen, Situationen, Ideen etc. bestehen muss. Dabei geht es aber nicht um ein Interesse, welches von Angst gesteuert wird, sondern es geht um Interesse, welches auf Vorfreude basiert. Damit einher geht die Annahme, dass künftige

---

[1]Dieser „Dreiklang" an Grundhaltungen wurde von Thomas Oehring in seinem Buch „Unterwegs nach Neuland", S. 59 ff. (1. Ausgabe 2018, Verlagshaus Leupelt, Handewitt) entwickelt. Im Rahmen der Beschreibung dieser Grundhaltungen wurde der Begriff des „Digital Explorers" eingeführt.

© Springer Fachmedien Wiesbaden GmbH, ein Teil von Springer Nature 2021
C. Lexa, *Fit für die digitale Zukunft*, Fit for Future,
https://doi.org/10.1007/978-3-658-33073-6_21

Entwicklungen nicht automatisch negativ sind oder negative Veränderungen mit sich bringen, sondern dass die Zukunft weder positiv noch negativ aber auf jeden Fall noch nicht festgeschrieben und damit gestaltbar ist.

Mit Flexibilität ist gemeint, dass gerade anders als früher die Zukunft in Bewegung ist und es nicht ausreicht, sich ein Modell der Zukunft zurecht zu legen und dann zu glauben, dass dieses Modell in alle Ewigkeiten unverändert angewendet werden kann. Die Fähigkeit zu flexiblem Verhalten bedeutet ja gerade, dass das Verhalten anpassungsfähig ist. Mit Blick auf die Digitalisierung sind viele Entwicklungen noch gar nicht absehbar. Feste Meinungen darüber, was passieren wird, und das entsprechende Festlegen der eigenen Einstellung und des eigenen Verhaltens würden dazu führen, dass auf zukünftige Entwicklungen nicht nur nicht passend oder mit erforderlicher Geschwindigkeit, sondern gar nicht reagiert werden kann. Damit einher geht schließlich noch eine neue Sicht auf das Scheitern. Denn Flexibilität bedeutet letztendlich, dass man von einem eingeschlagenen Weg oder von einer bisherigen Meinung abweichen muss. Ein bisheriger Ansatz muss immer wieder infrage gestellt und vielleicht beendet und geändert werden. Dies ist aber keine Niederlage, sondern ein Teil des Entwicklungsprozesses, der jedoch nicht mehr negativ ist, sondern als normal empfunden werden muss.

Mobilität im Hinblick auf das „digitale Mindset" bedeutet nun zum einen, dass die Art, wie wir leben und arbeiten, von uns selbst im Hinblick auf Art, Zeit und Ort selbst gestaltet und an unsere Bedürfnisse angepasst wird. Es heißt aber auch, dass das Denken nicht in eingefahrenen Strukturen verbleibt, sondern dass schnell und ergebnisoffen auf neue Situationen und auf neue Herausforderungen reagiert wird.

Beispiel

Nehmen wir einmal an, dass an den Inhaber eines Hand-
werksbetriebs mit 30 Mitarbeitern herangetragen wird,
dass er die die morgendlichen Einsatzbesprechungen über
einen Video-Call und nicht wie bisher über ein Treffen
aller Mitarbeiter im Betrieb durchführt. Die Reaktion
nach „altem Denken" wäre, wenn der Inhaber erklärt:
„Video-Calls funktionieren bei uns nicht, weil die Mitarbeiter es gewohnt sind, morgens in den Betrieb zu
kommen." Mobiles Denken dagegen führt zu einem
flexiblen und ergebnisoffenen Herangehen an so eine
neue Situation – „try und error" wird favorisiert, anstatt
gleich darzulegen, warum etwas nicht funktionieren wird:
„Das können wir zumindest mal ausprobieren. Vielleicht
müssen wir ein paar der Mitarbeiter erklären, wie sie einem
solchen Call beitreten können und vielleicht wird es Wider-
stand gegen so ‚neumodisches Zeugs' geben, aber einen
Versuch ist es wert. Immerhin bräuchten ja die Mitarbeiter
dann nicht so früh aufstehen, sondern sparen sich die Zeit
für die Fahrt ins Büro."[2]

---

[2]Diese Situation gab es wirklich. Ich habe dann erlebt, dass der Inhaber den
Vorschlag, „Mitarbeiterbriefings" am Morgen per Video-Call durchzuführen,
erst abgelehnt hat. Allerdings zwang ihn dann die Corona-Situation im April
2020 dazu, es mal mit Video-Calls zu probieren, weil er die Mitarbeiter nicht
mehr in einen Raum unterbringen konnte, ohne die Sicherheitsregelungen zu
verletzen. Zu seinem Erstaunen waren die Mitarbeiter von der neuen Art an
Mitarbeiterbriefings mittels Video-Calls sehr angetan. Sie wurden daraufhin
fest in die betrieblichen Abläufe eingefügt.

22

Digitalkompetenz

Als nächstes wäre die Digitalkompetenz zu nennen. Damit ist gemeint, dass zumindest ein gewisses Wissen im Hinblick auf die Bereiche, die Technologien und die Methoden der Digitalisierung besteht. Das bedeutet nun natürlich nicht, dass Sie sich sofort technisches Fachwissen aneignen müssen und vielleicht sogar eine oder mehrere Programmiersprachen lernen sollten.

Vielmehr ist gemeint, dass Sie grob wissen, um was es bei der Digitalisierung und bei den möglichen Folgen und Veränderungen geht. Es heißt aber auch, dass Sie zumindest einschätzen können, ob ein Trend der Digitalisierung bei Ihnen Auswirkungen haben wird, ob eine Technologie bei Ihnen zur Anwendung kommen kann oder ob eine Entwicklung in einem bestimmten Bereich, die nicht technisch sein muss, Ihnen nützen oder schaden könnte.

© Springer Fachmedien Wiesbaden GmbH, ein Teil von Springer
Nature 2021
C. Lexa, *Fit für die digitale Zukunft*, Fit for Future,
https://doi.org/10.1007/978-3-658-33073-6_22

Beispiel 1

Nehmen wir an, Sie wären der Inhaber eines Übersetzungsbüros. Es könnte für Sie sehr interessant sein, wenn Sie sich mit künstlicher Intelligenz und Big Data beschäftigen würden. Denn aktuelle Online-Übersetzungsprogramme wie „Google Translate" oder „DeepL" basieren gerade darauf. Und die Übersetzungen, die diese Programme liefern, werden immer genauer – und sie stehen blitzschnell und kostenfrei zur Verfügung. Dass hier eine Bedrohung für Ihr Unternehmen vorliegt, braucht nun wohl nicht mehr extra betont werden.

Beispiel 2

Alternativ könnten Sie Inhaber einer Rechtsanwaltskanzlei sein. Wenn Ihr Tätigkeitsschwerpunkt die Prüfung von Vertragswerken ist, dann sollte es Sie beunruhigen, dass eine künstliche Intelligenz der Plattform Lawgeex schon 2018 bei der Prüfung von sog. „Geheimhaltungsvereinbarungen" und dem Finden von darin enthaltenen Fehlern besser war im Vergleich mit 20 erfahrenen Anwälten.

Und bitte denken Sie nun nicht voreilig, dass Sie doch ruhig auf diese Kompetenz verzichten können, weil man ja entsprechende Experten engagieren kann. Das Problem ist nämlich, dass Sie gar nicht wissen, welche Experten Sie benötigen.[1] Sie kommen deshalb nicht um den Umstand

---

[1]Ich empfehle, zu der Thematik „Ich bin mir nicht bewusst, was ich nicht weiß" die Diskussionen rund um die Begriffe „blind spot", „unknown unknowns" oder auch „Dunning-Kruger-Effekt" zu verfolgen. Diese Diskussionen sind nicht unumstritten. Sie verdeutlichen aber zumindest das hinter der Fragestellung liegende Problem.

herum, dass Sie sich selbst eine gewisse „digitale All-
gemeinbildung" aneignen müssen, um einen Überblick
zu behalten. Dazu gehört beispielsweise die Lektüre ein-
schlägiger Zeitschriften und Online-Magazine.[2]

---

[2]Das müssen nicht unbedingt technische Fachzeitschriften sein, sondern
meiner Ansicht nach behalten Sie einen guten Überblick durch Lektüre zum
Beispiel der Print-Magazine „Wired" oder „t3n" bzw. der Online-Magazine
„Fast Company" oder „BASIC thinking".

23

Lernkompetenz

Lernkompetenz ist stark mit der Digitalkompetenz verbunden. Während es jedoch bei der Digitalkompetenz
um Kenntnisse digitaler Themen, deren Anwendungsmöglichkeiten und Auswirkungen geht, geht es bei der
Lernkompetenz um die Bereitschaft und die Fähigkeit, Informationen über Situationen, Sachverhalte und
Zusammenhänge selbstständig zu verstehen, auszuwerten
und einzuordnen. Mit anderen Worten: Es geht um die
Kompetenz, lernen zu können. Dabei wird oft der Fehler
gemacht, das zu unterschätzen, was man lernen sollte, und
das zu überschätzen, was man schon kann oder verstanden
hat.

Im Hinblick auf die Digitalisierung und ihre Folgen
geht es also im Rahmen der Lernkompetenz darum, die
Themen, die man mittels Digitalkompetenz erkannt hat,
inhaltlich zu erweitern und auszubauen. Dies geschieht
aber nicht nur durch Aufnehmen von Informationen,
sondern es bedarf einer Reflexion darüber, wie gelernt

© Springer Fachmedien Wiesbaden GmbH, ein Teil von Springer
Nature 2021
C. Lexa, *Fit für die digitale Zukunft*, Fit for Future,
https://doi.org/10.1007/978-3-658-33073-6_23

wird, welche Mittel und Methoden einem liegen und welche Folgen sich aus dem ergeben, was man aufgenommen hat, damit dies zu weiteren Inhalten führt, mit denen man sich beschäftigen muss.

Wenn Sie nun sagen, dass dies ja ein immerwährender Prozess ist, weil das Wissen, welches man sich aneignen kann, nie endet, dann liegen Sie richtig. In der Tat setzt Lernkompetenz eine gewisse Neugier auf neue Informationen und deren Anwendung voraus. Ohne diese Neugier und vor allem ohne die Erkenntnis, dass man niemals „fertig gelernt" hat, wird Lernkompetenz nicht vollständig erfasst.

Für Sie heißt das nun, dass Sie sich zuerst bewusst werden müssen, dass Sie sich permanent mit neuen Informationen beschäftigen müssen. Wenn Sie dieses Bewusstsein erlangt haben, dann müssen Sie für sich entscheiden, auf welche Art Sie lernen wollen. Danken Sie dabei insbesondere nicht automatisch an etablierte Lernformen wie Schule oder Universität. Es gibt eine Vielzahl von Lernformen – Sie müssen die finden, die Ihnen am meisten bringt und mit der Sie am besten umgehen können. Sie werden vielleicht diverse Formate ausprobieren müssen. Am Ende geht es jedoch darum, zu verstehen, auszuwerten und einzuordnen. Wenn das für Sie erfordert, dass Sie Videos anschauen, dann ist das eben so. Vielleicht hören Sie jedoch lieber Podcasts, diskutieren in Mastermind-Gruppen oder besuchen Seminare und Kongresse und reflektieren das, was Sie dort gehört, gesehen und erlebt haben, mit Freunden oder Ihren Mitarbeitern. Was immer Sie machen, es muss letztendlich Sie weiterbringen. Wichtig ist jedoch, dass Sie erkennen, dass neue Erkenntnisse zu neuen Fragestellungen und diese zu neuen Erkenntnissen führen, die wieder zu neuen Fragestellungen führen....

24

Datenkompetenz

Datenkompetenz hängt wiederum mit Digitalkompetenz und der Lernkompetenz zusammen. Es beschreibt die Fähigkeit, aus der Vielzahl an Daten, die im Hinblick auf Digitalisierung schon vorhanden sind, aber auch andauern neu produziert werden, diejenigen Ideen, Informationen, Anregungen und Rückschlüsse herauszufiltern, die für Sie wertvoll sind und Sie weiterbringen – in welche Richtung auch immer. Es geht darum zu verstehen, welche Daten Ihnen nutzen und welche für Sie nur Ballast darstellen.

> Diese Fähigkeit setzt also voraus, dass Sie in die Lage versetzt werden, Daten zu filtern.

Durch diesen Prozess der Filterung werden aus objektiv neutralen Daten subjektiv nützliche Informationen.

© Springer Fachmedien Wiesbaden GmbH, ein Teil von Springer Nature 2021
C. Lexa, *Fit für die digitale Zukunft,* Fit for Future,
https://doi.org/10.1007/978-3-658-33073-6_24

Alleine das Filtern ist aber nicht ausreichend. Benötigt wird noch die Fähigkeit, Daten analysieren zu können. In welcher Hinsicht das geschieht, richtet sich nach dem, was mit den Daten passieren soll oder in welchem Kontext die Daten verwendet werden sollen.

Die schier unüberschaubare Menge an Daten bedeutet aber natürlich auch, dass wohl kein Mensch mehr in der Lage ist, alle Daten zu verarbeiten, zu sichten und zu analysieren. Das ist auch gar nicht erforderlich. Erforderlich jedoch ist es zu erkennen, mit welchen Methoden, mit welchen Techniken oder mit welcher Software Schlüsse aus Datenmengen gezogen werden können. Denn alleine das Vorhandensein von Daten bringt keinen Erkenntnisgewinn. Entscheidend ist, was mit diesen Daten gemacht wird, wie diese also verwendet werden. Das setzt natürlich eine gewisse Kreativität voraus, wie mit Daten umgegangen wird.

25

Kompetenz zur Problemlösung

Und wenn wir schon über Kreativität sprechen, dann kommen wir direkt zur Kompetenz zur Problemlösung.

> **Beispiel**
>
> Die folgende Situation haben Sie wahrscheinlich schon mal erlebt: es stellt sich plötzlich ein Problem. Als Reaktion darauf hören Sie: „Ach du liebe Güte, das ist ja schrecklich. Das können wir jetzt gar nicht gebrauchen. Wäre ja auch zu schön gewesen, wenn alles glatt gelaufen wäre .... usw." Was Sie aber nicht hören, ist ein Ansatz zur Problemlösung.

Gerade die Fähigkeit, ein Problem oder eine Herausforderung einer Lösung zuzuführen, wird in Zukunft immer häufiger benötigt werden. Denn die Geschwindigkeit, mit der sich Veränderungen aufgrund der Digitalisierung ergeben, wird zu immer mehr Problemen

© Springer Fachmedien Wiesbaden GmbH, ein Teil von Springer Nature 2021
C. Lexa, *Fit für die digitale Zukunft*, Fit for Future,
https://doi.org/10.1007/978-3-658-33073-6_25

und Herausforderungen führen. Diese kann man aber nun nicht einfach auf sich beruhen lassen. Denn ohne eine Lösung geht es nicht weiter, ohne eine Lösung gibt es keine weitere Entwicklung. Das Problem ungelöst lassen heißt Stillstand oder das Eintreten zufälliger Ereignisse.

> Es wird also erforderlich sein, Lösungen herbeizuführen, mit denen Probleme aus der Welt geschafft und Herausforderungen gemeistert werden.

Damit dies gelingt braucht es nicht nur eine mentale Einstellung, die es grundsätzlich zulässt, dass überhaupt Lösungen existieren. Es braucht darüber hinaus aber auch Methoden und Techniken, mit deren Hilfe Lösungen erarbeitet werden können.

Beispiel 1

Ein Beispiel für eine Methode wäre das Zerlegen eines großen Problems in sinnvolle kleinere Teilprobleme. Die Herausforderung dabei besteht nun zum einen darin, das große Problem überhaupt zerlegen zu können. Zum anderen müssen diese kleinen Probleme, die das Ergebnis des Zerlegens sind, nun einer Lösung zugeführt werden.

Beispiel 2

Weitere Methoden wären die der Priorisierung und der Rückführung. Bei der Priorisierung geht es darum, mehreren Problemen jeweils eine Wertigkeit beizumessen und so zu verstehen, welches Problem zuerst gelöst werden muss. Bei der Rückführung wird ein neues, vermeintlich unbekanntes Problem auf ein altbekanntes Problem zurückgeführt. Durch den Vergleich mit dem altbekannten Problem ergeben sich dann Lösungsansätze.

> **Beispiel 3**
>
> Schließlich ist noch zu nennen die Methode des Betrachtens aus der Vogelperspektive. Ein Problem aus der unmittelbaren Nähe betrachtet kann unlösbar erscheinen. Geht man jedoch gedanklich ein paar Schritte zurück oder über das Problem drüber, dann nimmt man auf einmal das Umfeld des Problems war und kann so neue Lösungswege erkennen.

Kern der Kompetenz zur Problemlösung ist eine Fokussierung auf die Lösung, nicht auf das Problem. Dies kombiniert mit Techniken und Methoden zur Erarbeitung von Lösungen wird im Hinblick auf die Digitalisierung, bei der ständig neue Probleme in hoher Geschwindigkeit aufgrund des Veränderungstempos erzeugt werden, eine absolute Notwendigkeit darstellen.

26

Risikokompetenz

Wenn man über Lösungen nachdenkt, die immer schneller herbeigeführt werden müssen, weil die Probleme und Herausforderungen immer schneller auftreten, dann stellt sich unweigerlich die Frage, ob aufgrund der Geschwindigkeit überhaupt Zeit bleibt, die gefundenen Lösungen bis zum Ende zu durchdenken. Die Antwort, die ich dazu geben möchte lautet: nein. Meiner Ansicht nach wird es gerade nicht möglich sein, zukünftig alle Lösungen bis ins kleinste Detail und im Hinblick auf jede Folge zu analysieren, zu bewerten und so jedes Risiko auszuschalten.

Was im ersten Moment gefährlich und bedrohlich wirkt, ist auf den zweiten Blick jedoch weniger problematisch. Tatsächlich ist es nur konsequent, wenn Risiken zunehmen, weil das Aktions- und Handlungstempo zunimmt. Die Frage, die man sich nun stellen muss lautet, ob diese Risiken nun alle „gleich schlimm" sind, wenn sie sich denn manifestieren werden.

© Springer Fachmedien Wiesbaden GmbH, ein Teil von Springer Nature 2021
C. Lexa, *Fit für die digitale Zukunft,* Fit for Future,
https://doi.org/10.1007/978-3-658-33073-6_26

Genau an dieser Stelle setzt die Risikokompetenz an. Mit fortschreitender Digitalisierung wird es erforderlich werden, die sich ergebenden Risiken zu bewerten. Einige Risiken werden dann als besonders problematisch eingestuft werden, andere als wenig problematisch. Die Bewertungen werden dabei im Hinblick auf das zu erreichende Ziel, aber auch unter Abwägung mit anderen Situationen oder Rechtsgütern zu erfolgen haben.

> Um diese Bewertungen vornehmen zu können, braucht es die Fähigkeit, Folgen von Entscheidungen abzusehen. Darüber hinaus wird es erforderlich sein, Abwägungen zwischen mehreren Alternativen vornehmen zu können. Und schließlich wird es darauf ankommen, an einem bestimmten Punkt zu sagen: „Mir reichen die vorliegenden Informationen, ich treffe nun eine Entscheidung."

Risikokompetenz wird letztendlich dazu führen, dass nicht nur noch ausschließlich die absolut sicherste Alternative gewählt wird. Denn diese Alternative wird zu langsam, zu kompliziert oder zu beschwerlich sein. Wer über die Kompetenz verfügt, mit Risiken umgehen zu können, wird in der Lage sein, Risiken in einer neutralen Weise zu erkennen und diese sinnvoll einzuordnen.

27

Kompetenz zur interdisziplinären Zusammenarbeit

Wie schon oben bei den Trends gezeigt, wird die Digitalisierung viele komplexe Fragestellungen und Herausforderungen mit sich bringen. Ich glaube nicht, dass diese durch einzelne Personen gelöst oder gemeistert werden können. Ich glaube vielmehr, dass es erforderlich sein wird, unterschiedliche Professionen und ihre Ansichten zusammenzubringen, um gemeinsam Lösungen zu erarbeiten.

> **Tipp**
> Erforderlich wird deshalb sein, mit verschiedenen Professionen zusammenzuarbeiten.

Das setzt zum einen voraus, dass man ein generelles Verständnis von einem Bereich oder einer Situation hat. Nicht reines Spezialwissen oder Spezialverständnis ist gefragt. Denn wer von seinem Blickwinkel her zu

© Springer Fachmedien Wiesbaden GmbH, ein Teil von Springer Nature 2021
C. Lexa, *Fit für die digitale Zukunft*, Fit for Future,
https://doi.org/10.1007/978-3-658-33073-6_27

fokussiert ist, der übersieht am Ende vieles. Zum anderen setzt es voraus, dass man sich in andere Menschen, deren Denkweise und deren Art, Probleme und Herausforderungen anzugehen, hineinversetzen kann. Denn nur wenn einem dies möglich ist, kann man es zulassen, dass vielleicht ein Lösungsansatz oder gar eine Lösung präsentiert wird, die man überhaupt als Lösung in Betracht ziehen kann.

Beispiel

Gerade in Verbindung mit Entscheidungen durch künstliche Intelligenzen werden viele Fragen gestellt. Bevor man aber Antworten diskutiert, muss man verstehen, dass es Antworten aus den verschiedensten Bereichen gibt, die vielleicht unterschiedliche Aspekte berühren, jedoch dadurch nicht falsch sind. So wird beispielsweise ein Jurist auf das Thema Haftung zu sprechen kommen. Denn wer haftet denn, wenn eine KI eine Entscheidung fällt – der Programmierer der KI, der Betreiber der KI oder doch die KI selbst? Ein Programmierer wird hier vielleicht gar kein Problem erkennen, weil für ihn klar ist, dass die Entscheidung einer KI immer ein logisches Ende einer Abfolge ist, die niemals falsch sein kann. Und wieder jemand anderes wird Antworten bieten, die sich mit ethischen Aspekten der KI befassen. Alle Antworten sind vielleicht für sich zutreffend, bieten aber keine Gesamtlösung. Erst in einer Zusammenschau, einer Verbindung der einzelnen Aspekte und Lösungen ergibt sich ein vollständiges Bild.

Die Kompetenz zur interdisziplinären Zusammenarbeit setzt also voraus, dass man in der Lage ist, sich in die Herangehensweisen unterschiedlicher Professionen und deren Art zu denken hineinversetzen kann, ohne Vorverurteilungen vorzunehmen. Darüber hinaus setzt sie voraus, dass eine Befähigung besteht, Verbindungen zwischen Menschen und ihren Lösungen herzustellen, um so eine neue (Gesamt-)Lösung zu finden.

28

Kompetenz für Changemanagement

Wenn Sie sich anschauen, was bislang besprochen wurde, dann wird Sie sicherlich schon das Gefühl beschlichen haben, dass aufgrund der Digitalisierung viel Neues auf Sie und auf uns alle zukommen wird. Alles Neue bedeutet aber auch Veränderungen. Und mit Veränderungen muss man umgehen können.

Mit Blick auf die Digitalisierung ergibt sich nun jedoch eine besondere Herausforderung. Denn während früher Veränderungen irgendwann abgeschlossen waren, so werden diese im Rahmen der Digitalisierung einen Dauerzustand darstellen. Mit anderen Worten: Der Wandel wird permanent bestehen.

> Es wird also erforderlich sein, mit diesem Zustand des immerwährenden Wandels umgehen zu können.

© Springer Fachmedien Wiesbaden GmbH, ein Teil von Springer Nature 2021
C. Lexa, *Fit für die digitale Zukunft*, Fit for Future,
https://doi.org/10.1007/978-3-658-33073-6_28

Eine Veränderung wird erkennbar, man versucht diese in den Griff zu bekommen und während man noch damit beschäftigt ist, taucht die nächste Veränderung auf. Und die nächste, und die nächste .... Wer also irgendwann einmal „fertig sein will", der wird hier ein Problem bekommen.

Die Kompetenz für Changemanagement setzt also nicht nur voraus, dass Sie mit Veränderungen überhaupt umgehen können. Sie setzt eine neue Art des Umgangs mit den Veränderungen voraus, weil die Veränderungen selbst sich geändert haben. Das, was man also klassischerweise im Umgang mit Veränderungen gelernt hat, um diese „in den Griff zu bekommen", funktioniert im Rahmen der Digitalisierung nicht mehr. Flexibilität wird das Mantra der Zukunft sein und die Erkenntnis, dass Veränderungen nicht zu einem Ende kommen werden. Lernen Sie also, den Zustand der Unsicherheit vielleicht nicht unbedingt zu lieben, aber zumindest mit ihm so leben zu können, dass Sie nicht permanent Bauchschmerzen bekommen, wenn sich mal wieder etwas Neues ergibt. Ruhig zu bleiben und unter permanentem Druck nicht in Panik zu geraten, wird Ihnen einen Vorteil im Rahmen der Digitalisierung bringen.

29

Digitale Bildung

Digitale Bildung ist keine Fähigkeit im eigentlichen Sinne. Ich bin jedoch der Meinung, dass sie eine unabdingbare Voraussetzung ist, um erfolgreich mit der Digitalisierung und den damit einhergehenden Veränderungen umgehen zu können.

Was genau bedeutet nun digitale Bildung? Ich verstehe darunter die Fähigkeit, Wissen zu erschließen, digital kreativ sein und die Nutzung digitaler Angebote kritisch zu hinterfragen. Digitale Bildung setzt also nach meinem Verständnis ein großes Maß an Selbstreflexion, an einer Art „Abgebrühtheit" und an Lockerheit voraus.

© Springer Fachmedien Wiesbaden GmbH, ein Teil von Springer Nature 2021
C. Lexa, *Fit für die digitale Zukunft*, Fit for Future,
https://doi.org/10.1007/978-3-658-33073-6_29

> **Beispiel**
>
> Im Rahmen der Corona-Krise in der ersten Hälfte des Jahres 2020 bestand ein großer Informationsbedarf. Die Menschen wandten sich an das Medium, von dem sie sich Antworten auf Fragen erhofften – das Internet mit all seinen Ausprägungen, seien dies Webseiten etablierter Nachrichtenanbieter, Diskussionsforen oder Videos von vermeintlichen Experten. Das Problem bestand nun darin, mit der Fülle an Informationen umzugehen. Vielen Menschen gelang das nicht. So wurden bereit gestellte Informationen nicht durchdacht, nicht reflektiert und keinerlei Kritik unterzogen. Es wurden auch nicht die Informationen in ihrer Gesamtheit aufgenommen, sondern es erfolgte eine Konzentration auf Teile, die im Rahmen dieser isolierten Betrachtung keine umfassende Lösung boten. Und schließlich wurden Erfahrungen oder erworbenen Spezialkenntnissen nicht mehr Bedeutung beigemessen als einer lauten Stimme. Das ging sogar soweit, dass Informationen, deren fehlender Wahrheitsgehalt mittels einer einfachen Recherche hätte aufgedeckt werden könnte, nicht weiter kritisch hinterfragt wurden. Althergebrachte Autoritäten wurden dagegen hinterfragt, ohne dass es dazu einen Anlass gab. Das gesamte Ausmaß fehlender Bildung wurde im Rahmen des Umgangs mit Corona in einer Deutlichkeit offensichtlich, die sich wahrscheinlich niemand in dieser Form vorgestellt hätte.

Was also können Sie nun tun, um sich mehr digitale Bildung zu erarbeiten? Ich bin der Ansicht, dass man alleine mit dieser Fragestellung ein Buch füllen könnte. Dies ist hier jedoch nicht möglich. Dennoch möchte ich Ihnen zumindest ein paar Anhaltspunkte geben.

Zum einen sollten Sie sich darüber im Klaren werden, dass Bildung und Meinung 2 unterschiedliche Dinge sind. Bildung setzt meiner Ansicht nach ein Fundament voraus. Meinung dagegen ist oftmals gerade ohne Basis, sondern vielmehr geleitet von Emotionen und Gefühlen. Eine Meinung zu haben, braucht keine Voraussetzungen, insbesondere nicht in intellektueller Hinsicht. Digitale Bildung braucht dagegen ein rationales Fundament.

> Im Hinblick auf digitale Bildung ist erforderlich, dass Sie erkennen, dass die Digitalisierung Extreme begünstigt.

Damit meine ich, dass moderate Ansichten oder der zurückhaltende Umgang mit Themen oder Situationen kein Merkmal der Digitalisierung sind. Vielmehr begünstigen neue Kommunikationskanäle, massenhafte Verbreitungsmöglichkeiten und die schier allgegenwärtige Vernetzung das Auftreten von Phänomenen, die sich in Grenzbereichen bewegen.

Schließlich wird digitale Bildung voraussetzen, dass Sie erkennen, welche Wahrnehmungsverzerrungen bei Menschen auftreten können, die dann wiederum unsere Meinungen und unsere Ansichten beeinflussen. Diese Verzerrungen so in den Griff zu bekommen, dass Sie nicht sofort ihr Verhalten beeinflussen, Sie beispielsweise ohne objektiven Grund in Panik versetzen oder Sie gedanklich in Richtungen lenken, für die es objektiv keine Basis gibt, wird Ihnen im Rahmen der Digitalisierung große Vorteile bringen.

30

Digitale Kommunikation

Die Digitalisierung hat zu einer starken Zunahme der ausgetauschten Nachrichten geführt. Erfolgreich wird meiner Ansicht nach derjenige sein, dem es gelingt, die digitale Kommunikation zu beherrschen.

Damit ist zum einen gemeint das Beherrschen der unterschiedlichen Kommunikationskanäle und deren Art der Nutzung. Kommunikation kann mit Schrift, mit Zeichen, mit Bildern oder mit einer Kombination von allem erfolgen. Dies gilt auch für die verschiedenen zur Verfügung stehenden Kanäle, seien dies E-Mails, Videos, soziale Medien oder Kurznachrichten. Darüber hinaus

© Springer Fachmedien Wiesbaden GmbH, ein Teil von Springer Nature 2021
C. Lexa, *Fit für die digitale Zukunft*, Fit for Future,
https://doi.org/10.1007/978-3-658-33073-6_30

bringen es die unterschiedlichen Kanäle mit sich, dass verschiedene Nutzungsmöglichkeiten und Anforderungen an diese Nutzung bestehen.

Beispiel

Beispiel 1: Der Kurznachrichtendienst Twitter erlaubte lange Zeit nur die Verwendung von 140 Zeichen pro Beitrag. Dies führte zu einer unheimlich verkürzten Verwendung von Wörtern, neuen Arten von Lautschriften und dem Einbinden von Symbolen, um trotz der Beschränkung bei der Zeichenanzahl eine möglichst große Informationsdichte zu erreichen.

Beispiel

Beispiel 2: YouTube dagegen ist ein Videodienst, der die Bereitstellung beliebig langer Videos ermöglicht. Im Unterschied dazu bietet der Videodienst TikTok nur die Möglichkeit, Videos von maximal 60 Sekunden Länge bereitzustellen. Dies führt so zu einer anderen Art der Nutzung dieses Dienstes als den Dienst YouTube.

Zum anderen ist mit der Beherrschung digitaler Kommunikation gemeint, dass Sie mit der Beschleunigung der Kommunikation sowie der Fragmentierung aufgrund der Vielzahl der Kanäle sowie der unsteuerbaren Vielzahl der Empfänger umgehen können müssen.

Beispiel

Posten Sie beispielsweise etwas in Facebook und löschen Sie das Posting nach einiger Zeit wieder, so können Sie nicht sicher sein, dass das Posting wirklich verschwunden ist. Darüber können Sie gar nicht mit Sicherheit sagen, wer dieses Posting schon gesehen hat, auch wenn Sie versucht haben, anhand der Einstellmöglichkeiten, die Facebook zur Verfügung stellt, die Verbreitung zu steuern. So kann beispielsweise ein Nutzer ein Bildschirmfoto Ihres Postings angefertigt und in einem anderen Kanal, wie beispielsweise Instagram oder Tumblr, eingestellt haben. Eventuell erfolgte die Weiterverbreitung sogar in einem Kanal, der Ihnen gar nicht bekannt ist bzw. es wurde nur ein Teil des Postings verbreitet, sodass sich aus diesem Teil ein neuer eigener Inhalt ergibt.[1]

Die vorgenannten Herausforderungen an die Beherrschung digitaler Kommunikation führen zu negativen Auswirkungen auf die Priorisierung von Aufgaben sowie der Produktivität. Beherrschen werden Sie die digitale Kommunikation dann, wenn Ihnen ein natürlicher Umgang mit Kommunikation gelingt, die Herausforderungen also bei Ihnen nicht zu negativen Beeinträchtigungen führen.

---

[1] Ein „Opfer" einer solchen Fragmentierung einer Äußerung wurde im Rahmen der Corona-Krise der US-amerikanische Immunologe und Berater des US-Präsidenten Anthony Fauci. Im Rahmen des US-Wahlkampfs verwendete Präsident Donald Trump im Rahmen eines Wahlkampfvideos eine Aussage von Fauci. Im Rahmen des Videos sagt dieser, er könne sich nicht vorstellen, dass „jemand mehr tun könnte". Im Kontext des Werbespots erweckt dies den Eindruck, als würde sich der Mediziner mit seiner Aussage auf Trump beziehen. Tatsächlich erfolgte die Äußerung in einem völlig anderen Kontext. Fauci sagte vielmehr: „Ich befinde mich praktisch jeden Tag bei der Taskforce im Weißen Haus. Es ist jeder einzelne Tag. Also kann ich mir nicht vorstellen, dass unter irgendwelchen Umständen jemand mehr tun könnte." Das Herausziehen eines der geäußerten Sätze führt zu einem völlig anderen, so wohl nicht gemeinten Sinn.

31

Digitale Führung

Schließlich bedarf die Digitalisierung noch eines neuen Führungsstils. Führung bedeutete lange Zeit, dass einer sagte, was getan werden soll und dann wurde dies umgesetzt. Im Rahmen der Digitalisierung mit all ihren Möglichkeiten, Ablenkungen und Herausforderungen muss Führung neu definiert werden.

Digitale Führung wirkt sich insbesondere zum einen auf die Arbeitsgestaltung aus, beispielsweise hinsichtlich Arbeitszeiten, Arbeitsorten und Arbeiten in Teams. Zum anderen gibt es Auswirkungen im Hinblick auf Strukturprinzipien wie Offenheit, Partizipation, Flexibilität, Schnelligkeit und Agilität.

Insbesondere das Thema der „virtuellen Führung" spielt hier eine Rolle. Die Vernetzung über Entfernungen hinweg sorgt dafür, dass neue Wege im Umgang mit Mitarbeitern gefunden werden müssen. Damit ist nicht nur gemeint der Umgang mit der Entfernung.

© Springer Fachmedien Wiesbaden GmbH, ein Teil von Springer Nature 2021
C. Lexa, *Fit für die digitale Zukunft*, Fit for Future,
https://doi.org/10.1007/978-3-658-33073-6_31

> **Beispiel**
>
> Beispielsweise arbeiten Mitarbeiter nicht mehr im Betrieb selbst, sondern im Homeoffice und kommunizieren nicht mehr direkt mit ihren Führungskräften und Kollegen, sondern über Kanäle wie E-Mail, Slack oder Video-Calls.

Hinzu kommt dann noch der Aspekt der Einwirkung unterschiedlicher Kulturen, was insbesondere dann der Fall ist, wenn Mitarbeiter in unterschiedlichen Ländern für ein Unternehmen tätig sind. Waren es also früher regelmäßig homogene Mitarbeitergruppen, auf die sich Führung ausrichten musste, so bestehen heute oftmals sehr heterogene Mitarbeitergruppen, die ein individuelleres Eingehen auf die einzelnen Mitarbeiter und ihre Befindlichkeiten erfordern.

> **Beispiel**
>
> So kann es in einigen Ländern der Erde durchaus in Ordnung sein, wenn man zu einem Meeting mit ein paar Minuten Verspätung erscheint. Bei einem Deutschen kann dies zu Irritationen führen, insbesondere wenn das Zuspätkommen als nichts Besonderes angesehen und deshalb beispielsweise nicht entschuldigt wird.

Unterschiedliche Kulturen treten aber nicht auf, weil Mitarbeiter aus unterschiedlichen Ländern stammen. Unterschiede lassen sich auch beispielsweise feststellen bei neuen jungen Angestellten und Angestellten, die kurz vor dem Erreichen des Rentenalters und damit des Ausscheidens aus dem Unternehmen stehen. Hier stellt sich regelmäßig die Frage der Akzeptanz von bestimmten digitalen Werkzeugen und Methoden.

Digitale Führung erfordert nun die Fähigkeit, Mitarbeiter zu erreichen mit den Mitteln der Digitalisierung, sei es durch entsprechende Kanäle, sei es durch entsprechende Methoden und Werkzeuge und deren Anwendungen.

Zusammengefasst erfordert digitale Führung die Fähigkeit des Umgangs mit Mitarbeitern im digitalen Kontext, die Fähigkeit des Umgangs mit Abwesenheiten den damit verbundenen Werkzeugen sowie die Fähigkeit des Umgangs mit Mitarbeitern aus unterschiedlichen Kulturkreisen. Denkt man dies konsequent zu Ende, dann geht es darum, die digitale Transformation in einem Unternehmen mit Blick auf den Umgang mit Mitarbeitern voranzubringen.

32

Zusammenfassung

Wirft man einen Gesamtblick auf die vorstehenden Ausführungen, dann wird klar, dass es meiner Ansicht nach gar nicht so sehr um technische Fähigkeiten geht, die zukünftig im Angesicht der fortschreitenden Digitalisierung benötigt werden. Natürlich ist es sinnvoll und brauchbar, wenn man Kenntnisse in der Elektronik hat, Programmiersprachen beherrscht oder über umfassendes Wissen in der Mathematik, Physik oder Chemie verfügt.

Ich bin jedoch davon überzeugt, dass es letztendlich um Fähigkeiten gehen wird, die das zwischenmenschliche Zusammenleben berühren. Es wird zum einen darum gehen, aufgrund dieser Fähigkeiten ein Verständnis von dem, was im Rahmen der Digitalisierung passiert, zu erlangen. Zum anderen geht es darum, diese Veränderungen in einem menschlichen Kontext anzuwenden und zu nutzen.

© Springer Fachmedien Wiesbaden GmbH, ein Teil von Springer Nature 2021
C. Lexa, *Fit für die digitale Zukunft*, Fit for Future,
https://doi.org/10.1007/978-3-658-33073-6_32

Über allem steht die Frage, wie man ein entsprechendes Mindset entwickelt, dass in der Lage ist, mit den aus der Digitalisierung resultierenden Veränderungen umzugehen. Die vorgenannten Fähigkeiten sind dazu meiner Ansicht nach eine gute Basis.

Interview mit Andreas Bachmann & Patrick Fischer

Andreas Bachmann und Patrick Fischer sind die Leiter des Steinbeis-Beratungszentrums sowie der Akademie für Innovation und digitale Kompetenz. Andreas Bachmann ist Experte für New Work sowie digitale Führung und virtuelle Zusammenarbeit. Patrick Fischer ist darüber hinaus noch Inhaber des IT-Unternehmens SOLOX und Experte für digitale Prozesse.

Was sind eurer Meinung nach die größten Herausforderungen aufgrund der Digitalisierung?

Digitalisierung wird von Menschen für Menschen gemacht und bisher wird dabei meist der Weg über die Technologie gewählt. Eine Riesenchance lässt sich nutzen, wenn der Weg stattdessen mit den in der Praxis beteiligten Anwendern und Nutzern beschritten wird. Dann entstehen umsetzbare Lösungen, Offenheit für Veränderungen und eine gemeinsame Motivation zu Weiterentwicklung. Der Mutige wird belohnt, wenn durch den Einsatz neuer Methoden wie Design Thinking plötzlich völlig neue Ideen für Produkte, Leistung oder gar das gesamte Unternehmen entstehen.

Welche Auswirkungen hat die Digitalisierung auf Angestellte, Führungskräfte und deren Unternehmen?

Alle müssen sich stetig weiterentwickeln – Tradition ist kein Geschäftsmodell! Wer als Unternehmer das einige Geschäftsmodell kontinuierlich hinterfragt kann Produkte und Leistungen weiter- oder völlig neu entwickeln. Denn Digitalisierung findet statt – ob mit oder ohne eigene Beteiligung – und so ist man gut aufgestellt für Wettbewerber aus teilweise völlig anderen Branchen. Wenn Mitarbeiter und Führungskräfte zusätzlich digitales Basiswissen aufbauen und ihr eigenes Tätigkeitsfeld aktiv an die digitale Zeit anpassen können bleibt die Mannschaft topmotiviert und digital fit.

Wie verändern sich Abläufe in Unternehmen?
Zuallererst dadurch, dass sie keinen langen Bestand mehr haben. In einer Zeit der schnellen Veränderung muss kein Prozess auf Jahre hinaus gleich ablaufen. Wieso also nicht beispielsweise alle 3 Monate einen Blick auf aktuelle Abläufe werfen und direkt neue Möglichkeiten, Methoden und Technologien einfließen lassen. Immer unter Einbindung der Beteiligten, die damit auch ihre eigene Stellenbeschreibung stetig weiterentwickeln. Das Gleiche gilt für Projekte: weg von 200-seitigen Pflichtenheften, 2 Jahren Laufzeit und immer dem gleichen Projektteam. Neue Vorgehensweisen werden mit neuen Ergebnissen und auch Erkenntnissen belohnt.

Man hört oft, dass der Mensch aufgrund der Digitalisierung in vielen Bereichen überflüssig wird, insbesondere in der Arbeitswelt. Wie ist hier eure Erfahrung?
Wir haben es in den letzten 4 Jahren bei aller Mühe nicht ein einziges Mal geschafft einen Arbeitsplatz durch digitale Lösungen zu vernichten. Achtung Ironie, wenn es hoch kam waren es 25 % der Tätigkeiten, die wegfielen oder sich veränderten und da gab es sofort Ideen, wie man die „freie" Zeit nutzen kann. Ja, die Arbeitswelt und die eigene Stelle werden sich zukünftig öfter und stärker verändern als bisher. Doch noch nie gab es so viele Möglichkeiten, den eigenen Arbeitsplatz weiterzuentwickeln. Es braucht nur etwas Energie, die Beteiligten dabei mitzunehmen und ihre Mitarbeit einzufordern. Personalentwicklung steht in Zukunft für die Vermittlung einer einheitlichen Wissensbasis und immer neue individuelle Angebote nach Bedarf.

Was wären eure 3 Empfehlungen, damit Menschen die Chancen der Digitalisierung erfolgreich nutzen zu können?

1. Digitalisierung ist Chefsache: Das heißt es braucht die Akzeptanz und den Anstoß von „oben". Die eigentliche Transformation findet dann in mittleren und unteren Ebenen statt, denn da sind der Praxisbezug und der Fokus auf Kunden und Nutzer am stärksten.

2. Perfektion weg, Vehlerkultur her: Digitalisierung erfordert schnelle Lösung und kontinuierliche Weiterentwicklung. Wenn das gelingen soll heißt es bei 80 % Ergebnis aufhören, testen, aus Fehlern lernen und dann schnell weiterentwickeln.

3. Immer zuerst der Mensch: Endgeräte oder die Software sind nur Werkzeuge, die Chancen der Digitalisierung werden von Menschen erkannt und wenn diese darin einen Nutzen für sich erkennen sind sie bereit, die eigene Transformation aktiv mitzugestalten.

Teil IV

Mut zur Zukunft

„Nicht weil es schwer ist, wagen wir es nicht, sondern weil wir es
nicht wagen, ist es schwer."
Seneca

Eines kann man also sagen: es kommen Veränderungen.
Die Digitalisierung ist unaufhaltbar und unser aller Leben
wird sich deshalb verändern. Anders als in der Vergangenheit bin ich jedoch überzeugt, dass die Veränderungen
nicht nur graduell sein werden und sie werden auch nicht
erst in vielen Jahren auftreten. Unser Leben wird sich
schnell verändern. Das ist jetzt schon absehbar, wenn
man sich anschaut, wie Kinder im Alter von 5, 6 oder 7
Jahren bis hin zu Jugendlichen von 15, 16 oder 17 Jahren
mit Technik und mit digitalen Möglichkeiten umgehen.
Vieles, was für uns etwas Älteren (ich bin im Zeitpunkt
der Erstellung dieses Manuskripts 44 Jahre alt) vielleicht
befremdlich oder auch beschwerlich ist, ist für junge
Menschen völlig selbstverständlich.

Das ist aber überhaupt nicht schlimm. Meiner Ansicht sollten wir die Zukunft freudig erwarten, anstatt uns angsterfüllt in eine dunkle Ecke zu verkriechen. Warum aber bin ich der festen Überzeugung, dass eine ängstliche Grundhaltung unangebracht ist?

Das ist ganz einfach. Da Sie meine obigen Ausführungen gelesen haben wissen Sie, dass ich zumindest davon überzeugt bin, DASS uns Veränderungen erwarten werden. Veränderungen aber, wie ich es in meiner Einleitung zu diesem Buch geschrieben habe, sind weder positiv noch negativ. Chancen ergeben sich aus Veränderungen immer. Die Frage ist jedoch, mit welchem Blick wir auf Veränderungen sehen.

Ist unsere Grundhaltung eher negativ, dann werden wir eher auf negative Aspekte in bestimmten Situationen achten und diese berücksichtigen. Ist unsere Grundhaltung eher positiv, dann werden wir eher auf positive Aspekte achten und diese berücksichtigen[1] . Im Umkehrschluss bedeutet das jedoch: die Situation ändert sich nicht, lediglich unsere Interpretation.

Wenn Sie sich nun jedoch die Trends ansehen, die ich oben beschrieben habe, dann werden Sie wahrscheinlich auch bei negativster Betrachtung ein paar Vorteile erkennen.

---

[1]Dieses Phänomen ist auch bekannt als „Bestätigungsfehler" oder „confirmation bias", vgl. Glaser C. in: „Risiko im Management" (Springer Gabler, 2019), S. 62.

> **Beispiel**
>
> *Wissensvermittlung online kann man sicherlich völlig negativ sehen, weil man eben nicht mehr mit anderen interagiert, der Zugriff auf den Lehrenden ist schwerfälliger und die Kommunikation allgemein über Videochat bringt Körpersprache und Mimik nicht so gut rüber wie Kommunikation von Angesicht zu Angesicht. Nichtsdestotrotz spart man auf jeden Fall Zeit, wenn man sich nicht mehr zu dem Ort hinbegeben muss, an dem gelehrt wird. Eindeutig ein Vorteil, wie man es auch dreht und wendet.*

Und genau hier wird nun sichtbar, was ich mit „positiver Grundhaltung" meine. Denn wenn Sie anfangen, nach positiven Aspekten im Rahmen von Veränderungen zu suchen, dann werden Sie diese finden. Und wenn Sie dann noch aus diesem Suchen nach positiven Aspekten einen Automatismus machen, dass Sie also immer gleich nach positiven Aspekten im Rahmen einer Situation, einer Veränderung, einer Herausforderung suchen, dann erlangen Sie das, was ich mit „positiver Grundhaltung" bezeichne[2].

Ich weiß natürlich, dass sich diese Schilderung sehr einfach und vielleicht etwas „naiv" liest. Ich kann jedoch nur empfehlen, es auszuprobieren. Letztendlich geht es um einen Blick für positive Dinge. Diesen Blick zu haben kann man meiner Meinung nach lernen.

---

[2]An dieser Stelle erlaube ich mir noch einen Hinweis: eine solche positive Grundhaltung zu haben heißt für mich nicht, negative Aspekte einer Situation oder einer Veränderung zu ignorieren. Ganz im Gegenteil – ich versuche immer, beide Seiten zu sehen. Allerdings suche ich in der Tat nach den positiven Aspekten, damit ich über diese meinen Blick für Chancen schärfe.

Interview mit Ilja Grzeskowitz

Ilja Grzeskowitz ist seit 2008 Change Experte, Autor von 11 Büchern zum Thema Motivation für Veränderungen und Keynote Speaker. Er berät und spricht zu der Frage, wie es gelingen kann, dass aus Problemen Chancen werden. Denn Veränderungen sind für ihn keine Bedrohung, sondern eine Möglichkeit, als Persönlichkeit zu wachen und als Unternehmer erfolgreicher zu werden.

Welche Gefühle lösen Veränderungen in dir persönlich aus?
Ich bin ein riesiger Fan von Digitalisierung. Weil ich jeden einzelnen Tag erleben darf, wie sie uns das Leben einfacher, die Arbeit effizienter und den Alltag entspannter macht. Ein konkretes Beispiel: Mit meinem eigenen Team habe ich vor Jahren das papierlose Büro eingeführt und sämtliche unserer Prozesse digital automatisiert. Dies hat an der Oberfläche den Vorteil, dass wir wesentlich produktivere Workflows haben, die uns eine Menge Zeit sparen. Viel mehr noch genießen wir aber die daraus resultierenden Freiheiten wie ortsunabhängiges Arbeiten, leichteres Onboarding und virtuelle Zusammenarbeit. Für mich ist Digitalisierung daher auch mehr als nur Technik, Apps und Software. Es ist ein Mindset-Shift hin zu einem Lebens- und Arbeitsmodell, welches den Bedürfnissen und Anforderungen der Zukunft gerecht wird.

Welche Rolle spielt deiner Meinung nach die innere Haltung im Rahmen von Veränderungen?
So banal es klingen mag: Es ist der wichtigste Faktor überhaupt. Die Digitalisierung führt zu komplexen Herausforderungen, für die es weder Patentrezepte noch einfache Lösungen gibt. In solchen Situationen, die von Unsicherheit und Überforderung gekennzeichnet sind, gibt es grundsätzlich zwei Wege, wie man damit umgehen kann: Entweder man verschließt sich neuen Ideen, sucht aktiv nach Problemen und verkündet dann stolz, dass man es ja gleich gewusst habe, dass etwas nicht funktioniert. Oder man fokussiert sich auf mögliche Chancen, denkt aktiv in Lösungen und gestaltet die eigene Zukunft aktiv. Wenn ich eines in der täglichen Arbeit mit Organisationen der unterschiedlichsten Größen gelernt habe, dann dies: Wir können

uns niemals aussuchen, was um uns herum geschieht. Aber wir haben immer die Wahl, wie wir damit umgehen, welche Perspektive wir einnehmen und worauf wir unseren Fokus richten.

Kann man eine positive innere Haltung bezüglich Veränderungen lernen? Wenn Nein, warum nicht und wenn Ja, wie?
Ja, das ist durchaus möglich. Der Schlüssel lautet Bewusstheit. Nur wenn ich sehr bewusst und achtsam darauf achte, wie ich in welchen Situationen reagiere, dann kann ich mein Verhalten ändern. Dies beginnt mit der ehrlichen Beantwortung der Frage: „Wie gehe ich mit Veränderungen um?" Der zweite Schritt ist dann, den Autopilotmodus zu unterbrechen und die eigenen Entscheidungen, Verhaltensweisen und Denkmuster ganz bewusst wahrzunehmen. Wenn man das über einen längeren Zeitraum macht, kann die positive innere Haltung zu einer neuen Gewohnheit werden.

Du kommst ja viel herum in der Welt. Gibt es etwas, das wir mit Blick auf das Ausland lernen können, wenn es um Veränderungen und unsere Einstellung zu Veränderungen geht?
Da gibt es eine Menge. Ich komme in meiner Arbeit als Vortragsredner auf der ganzen Welt herum und bin immer wieder erstaunt, wie anders unterschiedliche Kulturen mit dem Thema Veränderung umgehen. Was mich am meisten geprägt hat: Die positive Fehlerkultur und die Fähigkeit groß zu denken bei den Amerikanern. Die permanente Bereitschaft, den Status-Quo zu hinterfragen und innovative Lösungen zu finden bei den Asiaten. Die gegenseitige Unterstützung und das Ermöglichen von unkonventionellen Lösungen in Afrika. Oder auch die positive Grundhaltung allem Neuen gegenüber in Neuseeland und Australien. Unter dem Strich ist mein Hauptlearning aber folgendes: Menschen, Kulturen und Herangehensweisen sind verschieden und es gibt nicht den einen, richtigen Weg. Wer sich diese Offenheit, Diversity und den permanenten Blick über den Tellerrand verinnerlicht, der wird in der Lage seien, mit jeder Form von Change erfolgreich umzugehen.

Wenn du denn einen Tipp geben müsstest, wie es Menschen gelingt, aus Problemen Chancen zu machen. Was wäre dein Tipp?

Ganz klar: Der Umgang mit Problemen an sich. Eine positive innere Haltung bedeutet nämlich nicht, diese schönzureden, auszublenden oder gar zu ignorieren. Ganz im Gegenteil, denn ein identifiziertes Problem ist immer ein guter Indikator für mögliche oder notwendige Veränderungen. Entscheidend ist daher, Probleme zu identifizieren, aber gleichzeitig schon den gedanklichen Fokus auf eine mögliche Lösung zu richten. Dies kann im täglichen Alltag dann in folgender Reihenfolge geschehen:

1. Probleme identifizieren;
2. Problem lösen und
3. auf dem Weg lernen und ggf. nachjustieren.

In Zeiten, in denen sehr viele Menschen das Gefühl haben, den äußeren Umständen und den damit einhergehenden Veränderungen hilflos ausgeliefert zu sein, hilft diese Herangehensweise das Leben bei den Hörnern zu packen und die eigene Zukunft aktiv zu gestalten.

33

Worte zum Schluss

„Ich kann nicht verstehen, warum Menschen Angst vor neuen Ideen haben. Ich habe Angst vor den alten."

John Cage

Ich freue mich sehr, dass Sie mir bis hierhin gefolgt sind. Ich hoffe, ich konnte Ihnen näherbringen, was meiner Ansicht nach auf uns alle zukommen wird und welche Veränderungen jetzt schon absehbar sind. Des Weiteren hoffe ich, dass Sie einen Eindruck gewinnen konnten, dass es jedem von uns möglich sein wird, von diesen Veränderungen zu profitieren und in der Zukunft erfolgreich zu sein. Expertenwissen ist nach meinem Dafürhalten nicht, was gebraucht wird. Es geht vielmehr darum, das, was uns Menschen ausmacht, auf die künftigen Anforderungen auszurichten.

Originalzitat: „I cannot understand why people are frightened of new ideas. I´m frightened of the old ones."

© Springer Fachmedien Wiesbaden GmbH, ein Teil von Springer Nature 2021
C. Lexa, *Fit für die digitale Zukunft*, Fit for Future, https://doi.org/10.1007/978-3-658-33073-6_33

Wer mit offenen Augen auf die kommenden Veränderungen blickt, der wird feststellen, dass für uns Menschen und unser Können und unsere Fähigkeiten ein hoher Bedarf besteht. Ich weiß nicht, ob das auch noch in 100 oder 200 Jahren gilt – vielleicht haben dann Maschinen ein Bewusstsein entwickelt und (gemeinsam) mit Menschen eine neue Evolutionsstufe erreicht. Ich bin aber überzeugt, dass es in den nächsten Jahren einen Bedarf an Menschen mit gewissen Fähigkeiten geben wird. In welche Richtung der Bedarf geht, dass habe ich versucht in diesem Buch darzustellen. Ich hoffe, es ist mir gelungen.

Bleibt eigentlich nur noch ein Appell: Lassen Sie uns einen Dialog starten. Lassen Sie mich wissen, was Sie von diesem Buch und den darin beschriebenen Ideen halten. Ich bin interessiert an IHREN Ideen, an IHRER Meinung und generell an IHREM Input. Kontaktieren Sie mich, schreiben Sie mir eine E-Mail oder eine Nachricht und legen Sie nicht einfach das Buch zu Seite und wenden Sie sich dem nächsten zu. Ich bin extrem interessiert, welche Gedanken Sie haben – wer weiß, was sich aus unserem Dialog ergibt.

Erreichen können Sie mich gerne über diese Kanäle:

Web: www.kanzlei-lexa.de
E-Mail: kontakt@kanzlei-lexa.de.
Twitter: www.twitter.com/kanzlei_lexa
Facebook: www.facebook.com/kanzlei.lexa
Instagram: www.instagram.com/carstenlexa
LinkedIn: https://www.linkedin.com/in/carstenlexa
YouTube: https://www.youtube.com/kanzlei_lexaDE

Und wenn Sie zu diesem Buch eine Rezension auf Facebook, LinkedIn, Twitter, Instagram, auf der Webseite von Springer Gabler oder auf Amazon hinterlassen, dann würde ich mich ungemein freuen.

Interviewpartner

1. Jens Hansen: www.zukunftsstark.org
   Jens Hansen ist Zukunftsforscher, Autor und Keynote Speaker. Sein Spezialgebiet sind die Megatrends, die Unternehmen, aber auch die Gesellschaft in den nächsten Jahren beeinflussen und disruptieren werden.

2. Marco Tarsia: www.linkedin.com/in/tarsia
   Marco Tarsia ist Experte für Netzwerksicherheit und Digitalisierungsstrategien, Interrimsmanager, Inhaber der Unternehmensberatung „heldtweit" sowie des Bonner Unternehmens Cafe-Roller. Sein Spezialgebiet sind die Analyse und Verwendung von Daten.

3. Gunther Wobser: www.lauda.de
   Gunther Wobser ist geschäftsführender Gesellschafter der Lauda Dr. R. Wobser GmbH & Co. KG und Investor in Start-ups. Zusammen mit seiner Familie zog er 2017 für ein Jahr ins Silicon Valley in Kalifornien, um sich dort Inspirationen für sein eigenes Unternehmen zu holen.

© Springer Fachmedien Wiesbaden GmbH, ein Teil von Springer Nature 2021
C. Lexa, *Fit für die digitale Zukunft*, Fit for Future,
https://doi.org/10.1007/978-3-658-33073-6

4. Andreas Bachmann/Patrick Fischer: www.wirmachen. digital

Andreas Bachmann und Patrick Fischer sind die Leiter des Steinbeis-Beratungszentrums sowie der Akademie für Innovation und digitale Kompetenz. Andreas Bachmann ist Experte für New Work sowie digitale Führung und virtuelle Zusammenarbeit. Patrick Fischer ist darüber hinaus noch Inhaber des IT-Unternehmens SOLOX und Experte für digitale Prozesse.

5. Ilja Grzeskowitz: www.grzeskowitz.de

Ilja Grzeskowitz ist seit 2008 Change Experte, Autor von 11 Büchern zum Thema Motivation für Veränderungen und Keynote Speaker. Er berät und spricht zu der Frage, wie es gelingen kann, dass aus Problemen Chancen werden.

Printed in the United States
by Baker & Taylor Publisher Services